中共山西省委黨校圖書館藏古籍目録

本書編委會◎编

國家圖書館出版社

圖書在版編目(CIP)數據

中共山西省委黨校圖書館藏古籍目録 / 本書編委會編. -- 北京 ：國家圖書館出版社，2017.8

ISBN 978-7-5013-6123-6

Ⅰ. ①中… Ⅱ. ①本… Ⅲ. ①黨校圖書館-古籍-圖書館目録-山西 Ⅳ. ①Z838

中國版本圖書館 CIP 數據核字(2017)第 127459 號

書　　名　中共山西省委黨校圖書館藏古籍目録

著　　者　本書編委會　編

責任編輯　景　晶

封面設計　程言工作室

出　　版　國家圖書館出版社(100034　北京市西城區文津街 7 號)

(原書目文獻出版社　北京圖書館出版社)

發　　行　010-66114536　66126153　66151313　66175620

66121706(傳真)　66126156(門市部)

E-mail　nlcpress@ nlc.cn(郵購)

Website　www.nlcpress.com→投稿中心

經　　銷　新華書店

印　　裝　河北三河弘翰印務有限公司

版　　次　2017 年 8 月第 1 版　2017 年 8 月第 1 次印刷

開　　本　710×1000(毫米)　1/16

印　　張　8.5

字　　數　150 千字

書　　號　ISBN 978-7-5013-6123-6

定　　價　88.00 圓

圖一　清乾隆二十一年（1756）德州盧氏雅雨堂刻雅雨堂叢書本

《李氏易傳十七卷附周易音義一卷》

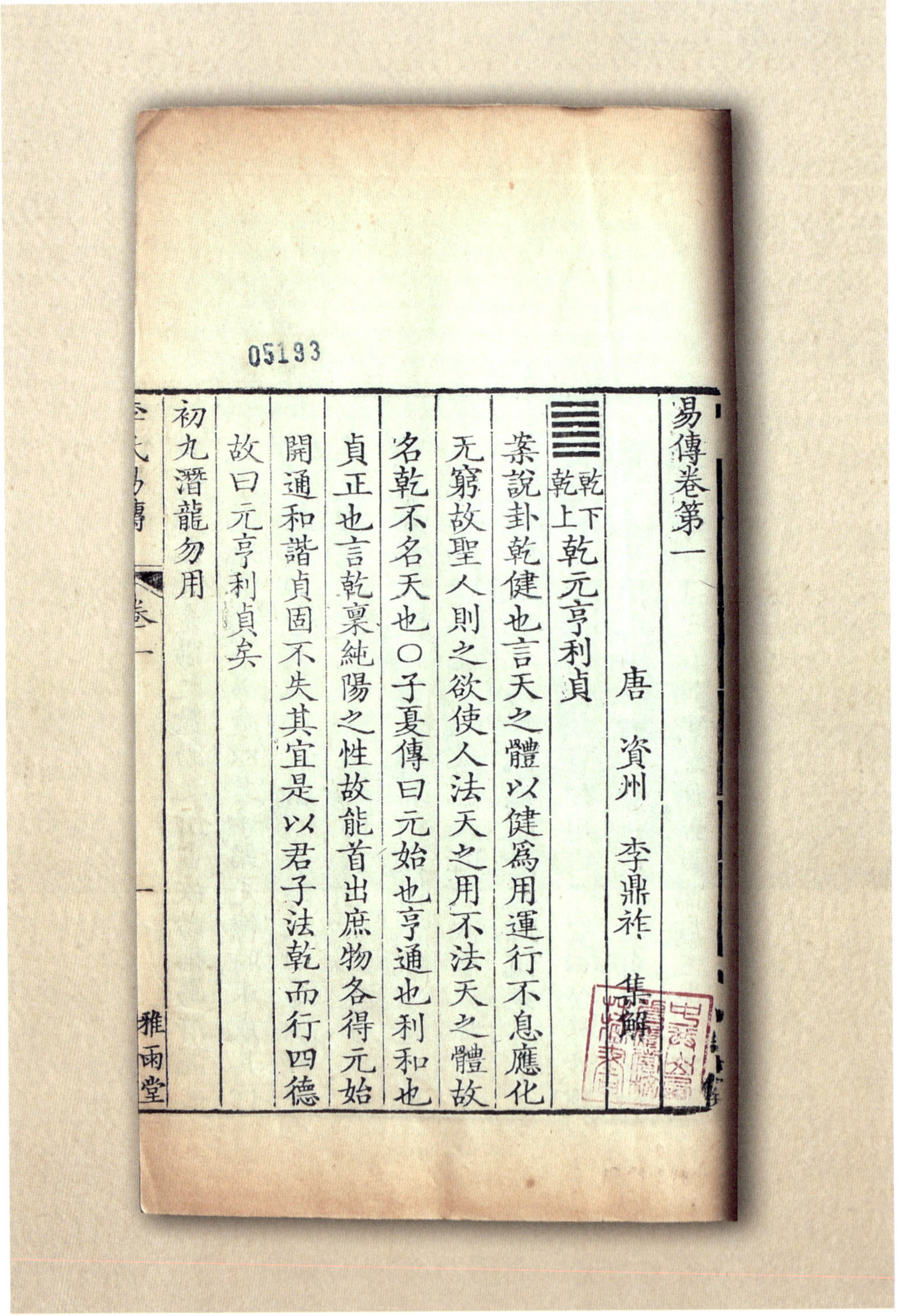

圖二　清乾隆二十一年（1756）德州盧氏雅雨堂刻雅雨堂叢書本

《李氏易傳十七卷附周易音義一卷》卷首

圖三　明初翻刻本《禮記集說大全三十卷》

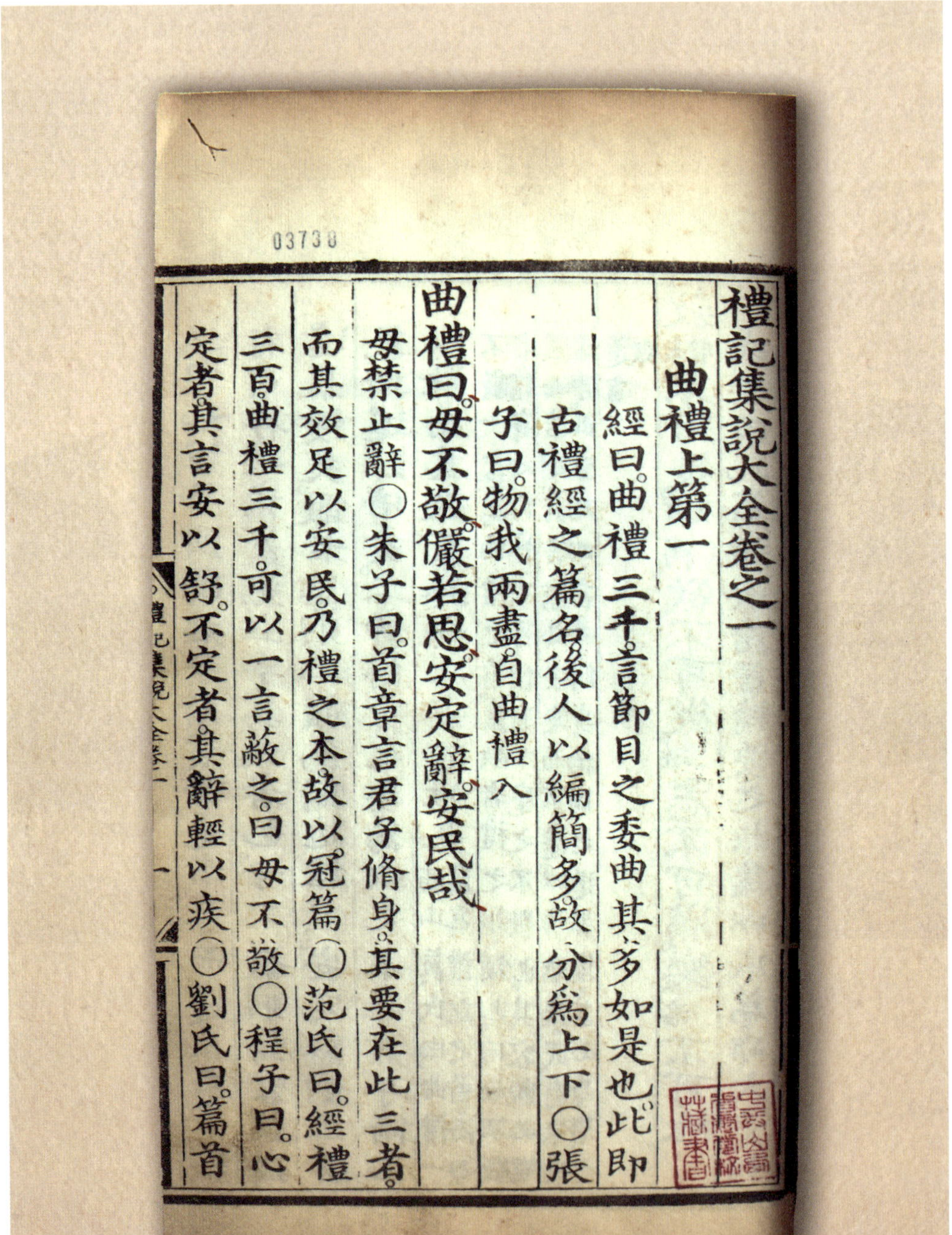
03738

禮記集說大全卷之一

曲禮上第一

經曰。曲禮三千。言節目之委曲。其多如是也。此即古禮經之篇名。後人以編簡多。故分爲上下。○張子曰。物我兩盡。自曲禮入

曲禮曰。毋不敬。儼若思。安定辭。安民哉

毋禁止辭。○朱子曰。首章言君子脩身。其要在此三者。而其效足以安民。乃禮之本。故以冠篇。○范氏曰。經禮三百。曲禮三千。可以一言蔽之。曰毋不敬。○程子曰。心定者。其言安以舒。不定者。其辭輕以疾。○劉氏曰。篇首

禮記集說大全卷一　一

圖四　明初翻刻本《禮記集說大全三十卷》卷首

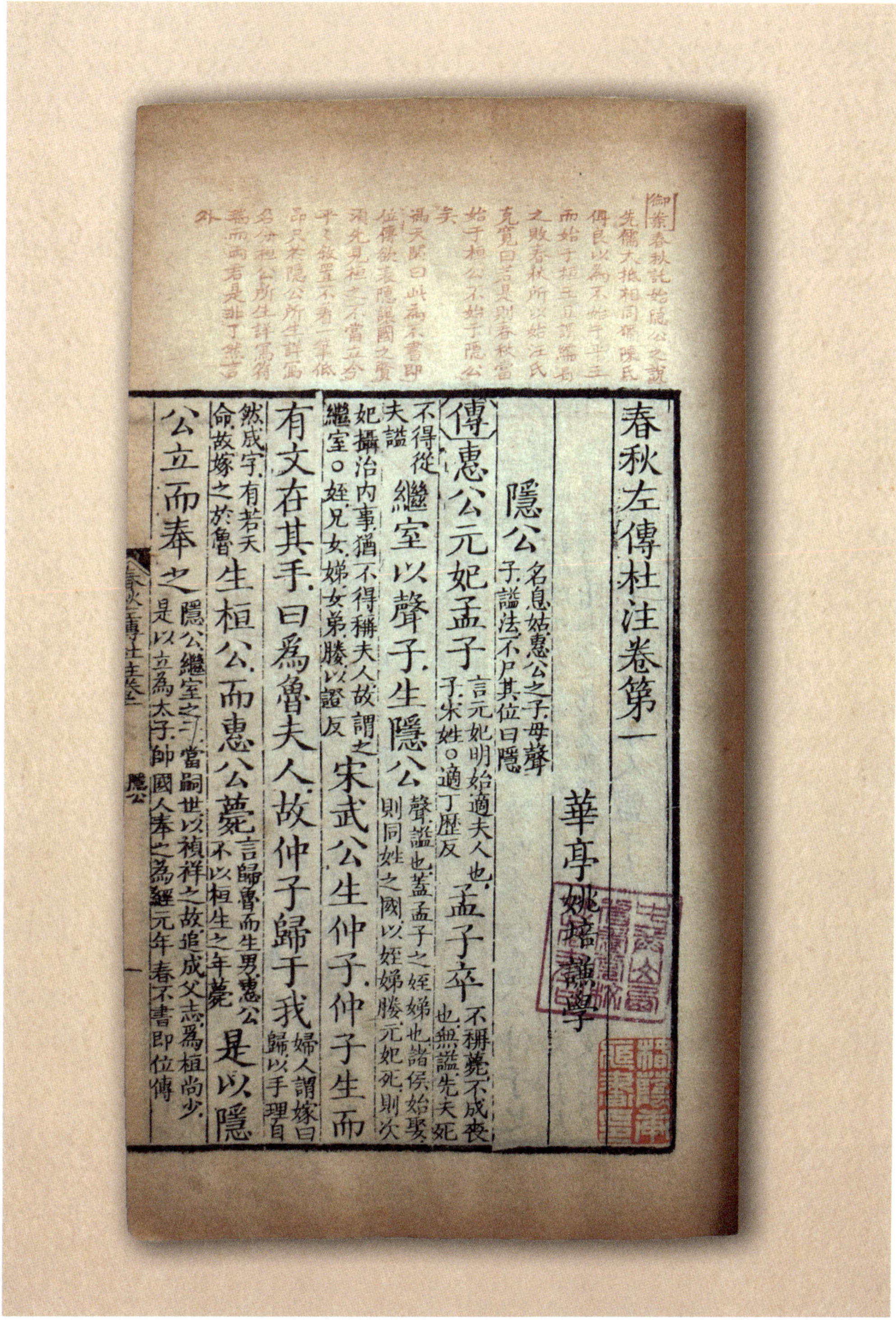

圖五　清道光七年（1827）洪都漱經堂刻本.

《春秋左傳杜注三十卷首一卷》卷首

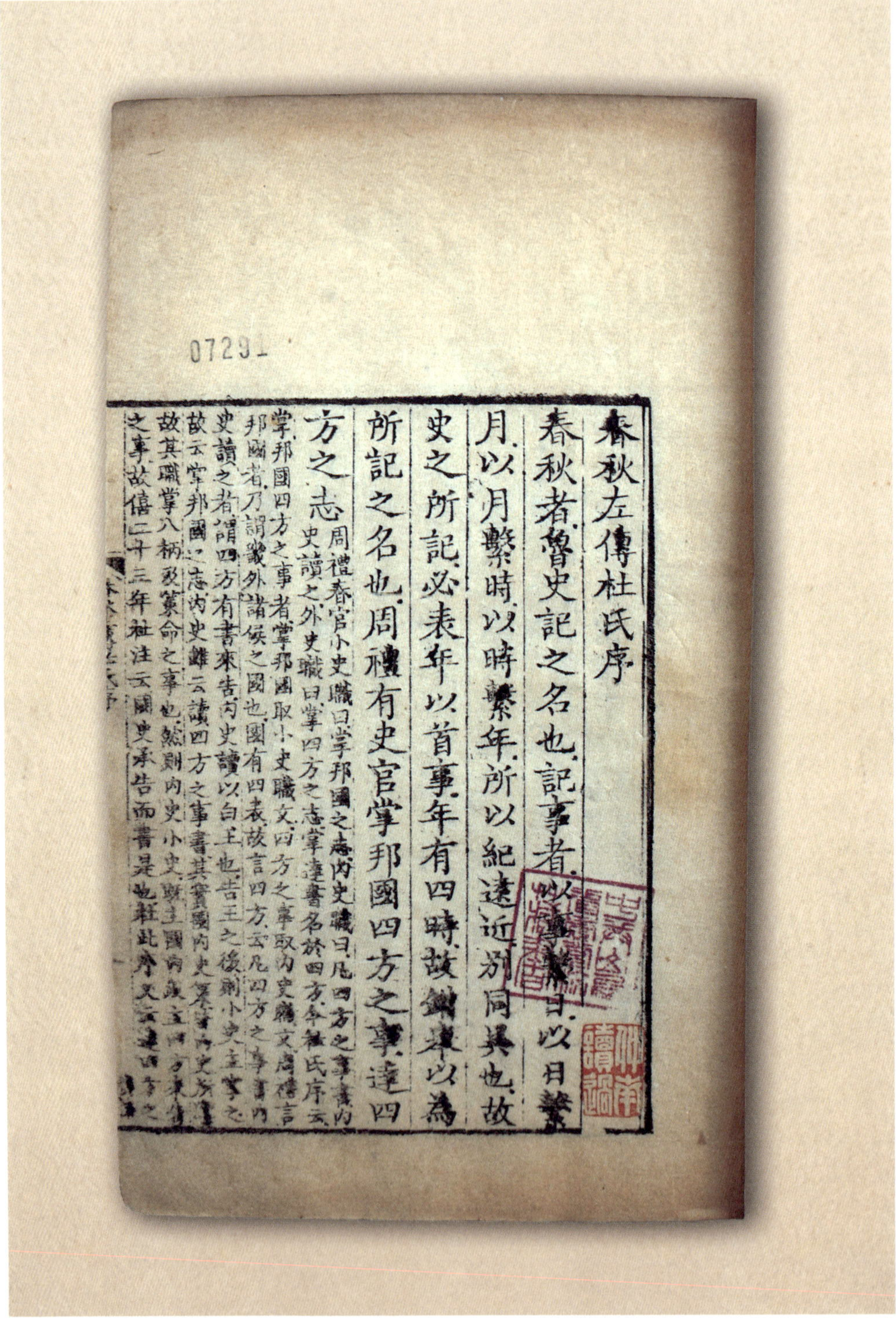

春秋左傳杜氏序

春秋者，魯史記之名也。記事者，以事繫日，以日繫月，以月繫時，以時繫年，所以紀遠近，別同異也。故史之所記，必表年以首事。年有四時，故錯舉以為所記之名也。周禮有史官，掌邦國四方之事，達四方之志。周禮春官小史職曰掌邦國之志，內史職曰凡四方之事書內史讀之，外史職曰掌四方之志，掌達書名於四方。今杜氏序云掌邦國四方之事者，掌邦國取小史職文，四方之事取內史職文。周禮言邦國者，乃謂畿外諸侯之國也。國有四表，故言四方。云凡四方之事書內史讀之者，謂四方有書來告，內史讀以白王也。告王之後，則小史主掌之，故云掌邦國之志。內史雖云讀四方之事書，其實國內史[illegible]故其職掌八柄及策命之事也。然則內史、小史[illegible]主國內[illegible]之事，故僖二十三年杜注云國史承告而書是也。杜此序又云[illegible]

圖六　清道光七年（1827）洪都漱經堂刻本
《春秋左傳杜注三十卷首一卷》序

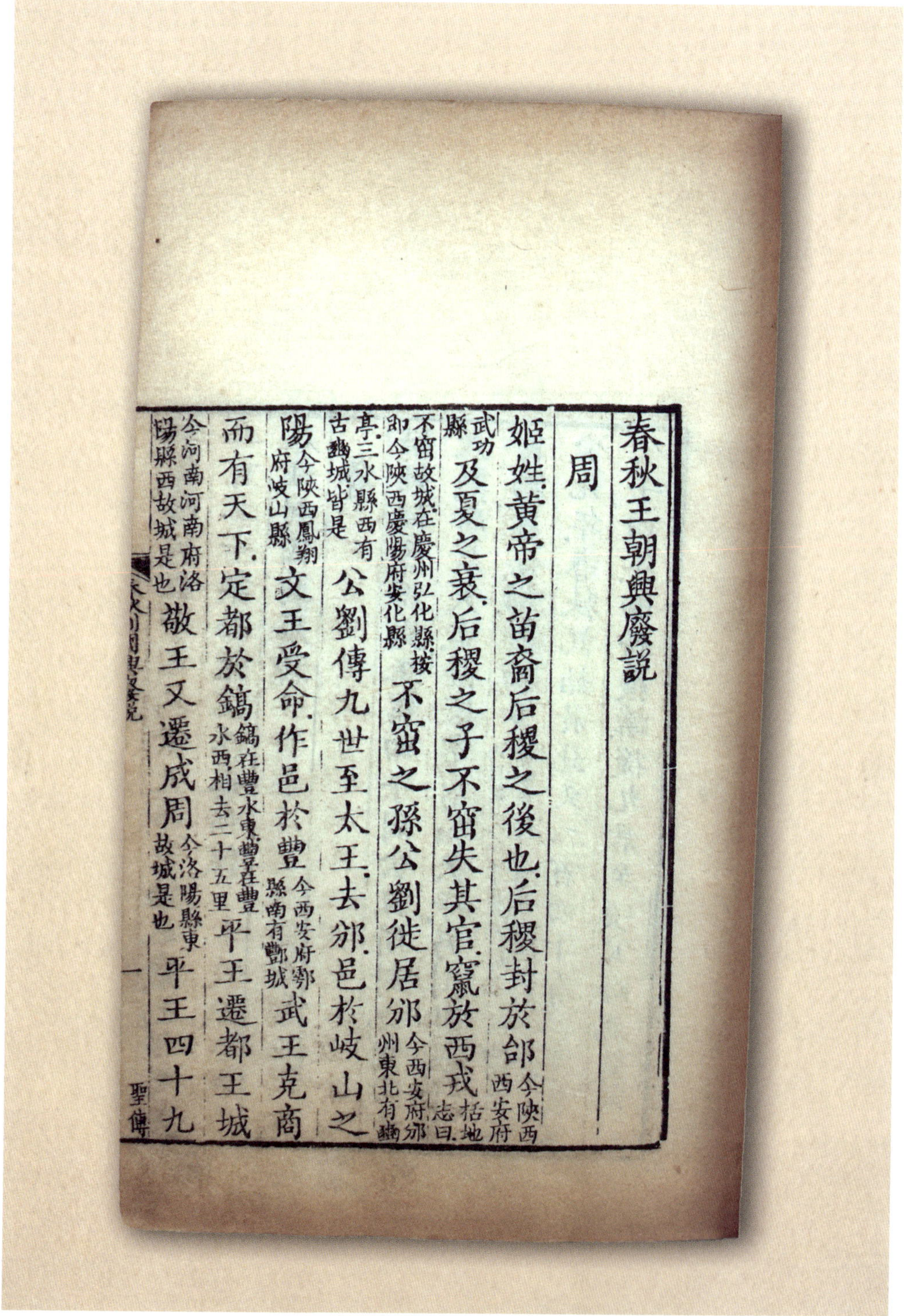
春秋王朝興廢說

周

姬姓。黃帝之苗裔后稷之後也。后稷封於邰（今陝西西安府武功縣）及夏之衰。后稷之子不窋失其官。竄於西戎（括地志曰。不窋故城在慶州弘化縣。按即今陝西慶陽府安化縣）不窋之孫公劉徙居邠（今西安府邠州東北有豳亭。三水縣西有古豳城。皆是）公劉傳九世至太王。去邠邑於岐山之陽（今陝西鳳翔府岐山縣）文王受命。作邑於豐（今西安府鄠縣南有豐城）武王克商而有天下。定都於鎬（鎬在豐水東。豐在豐水西。相去二十五里）平王遷都王城（今河南河南府洛陽縣西故城是也）敬王又遷成周（今洛陽縣東故城是也）平王四十九

圖七　清道光七年（1827）洪都漱經堂刻本

《春秋左傳杜注三十卷首一卷》內頁

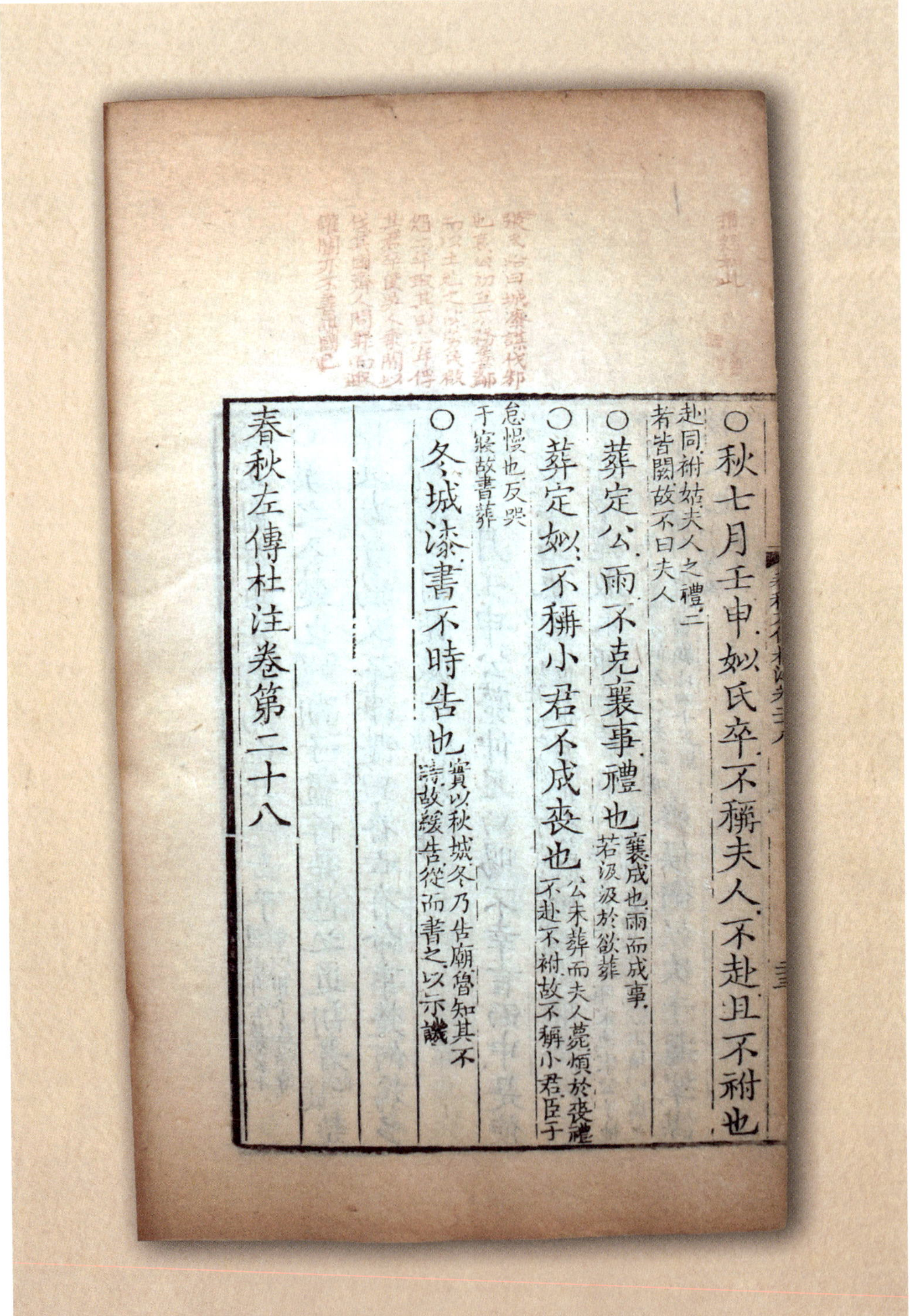

圖八　清道光七年（1827）洪都潄經堂刻本
《春秋左傳杜注三十卷首一卷》卷二十八末頁

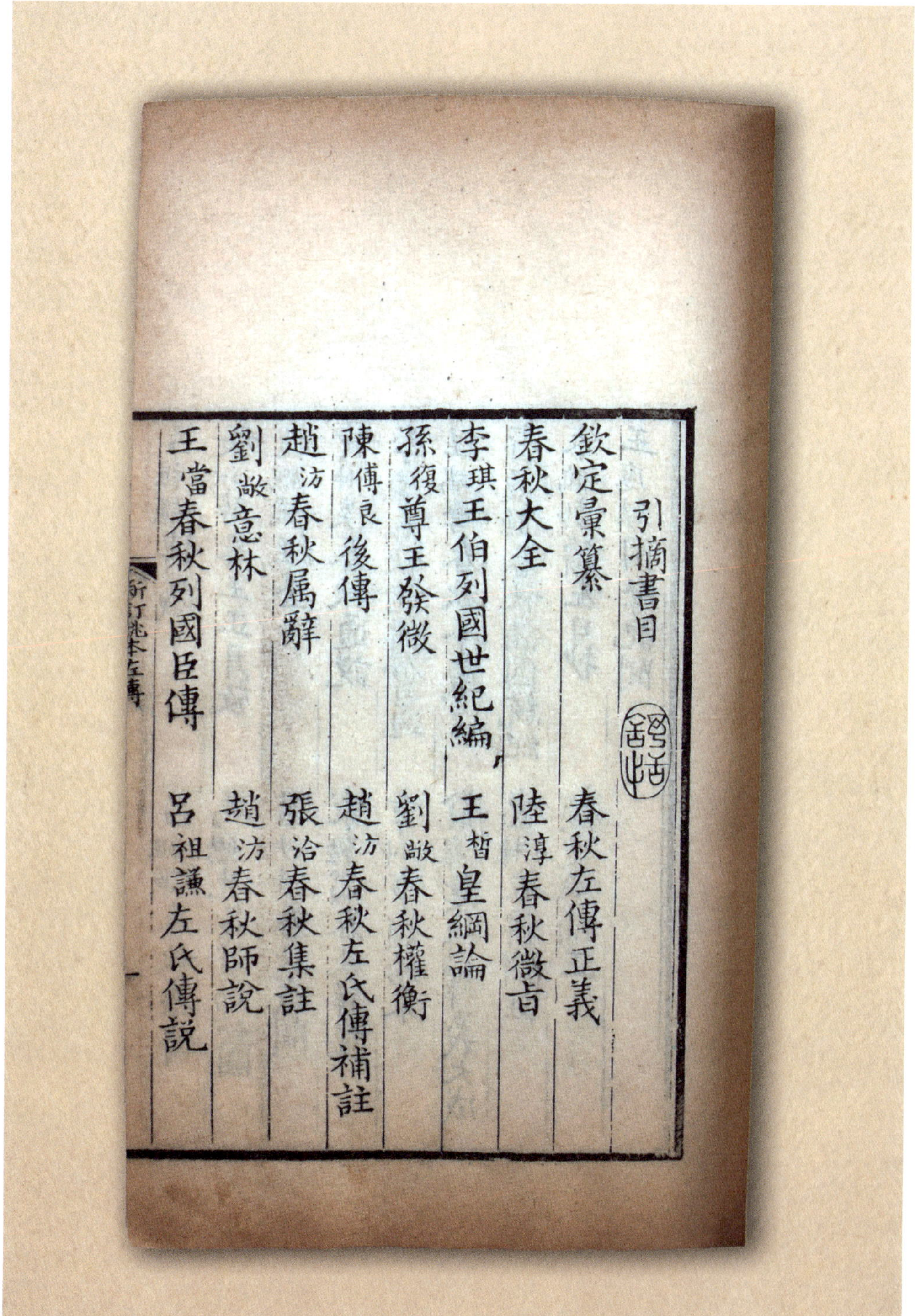

圖九　清道光七年（1827）洪都漱經堂刻本
《春秋左傳杜注三十卷首一卷》引摘書目

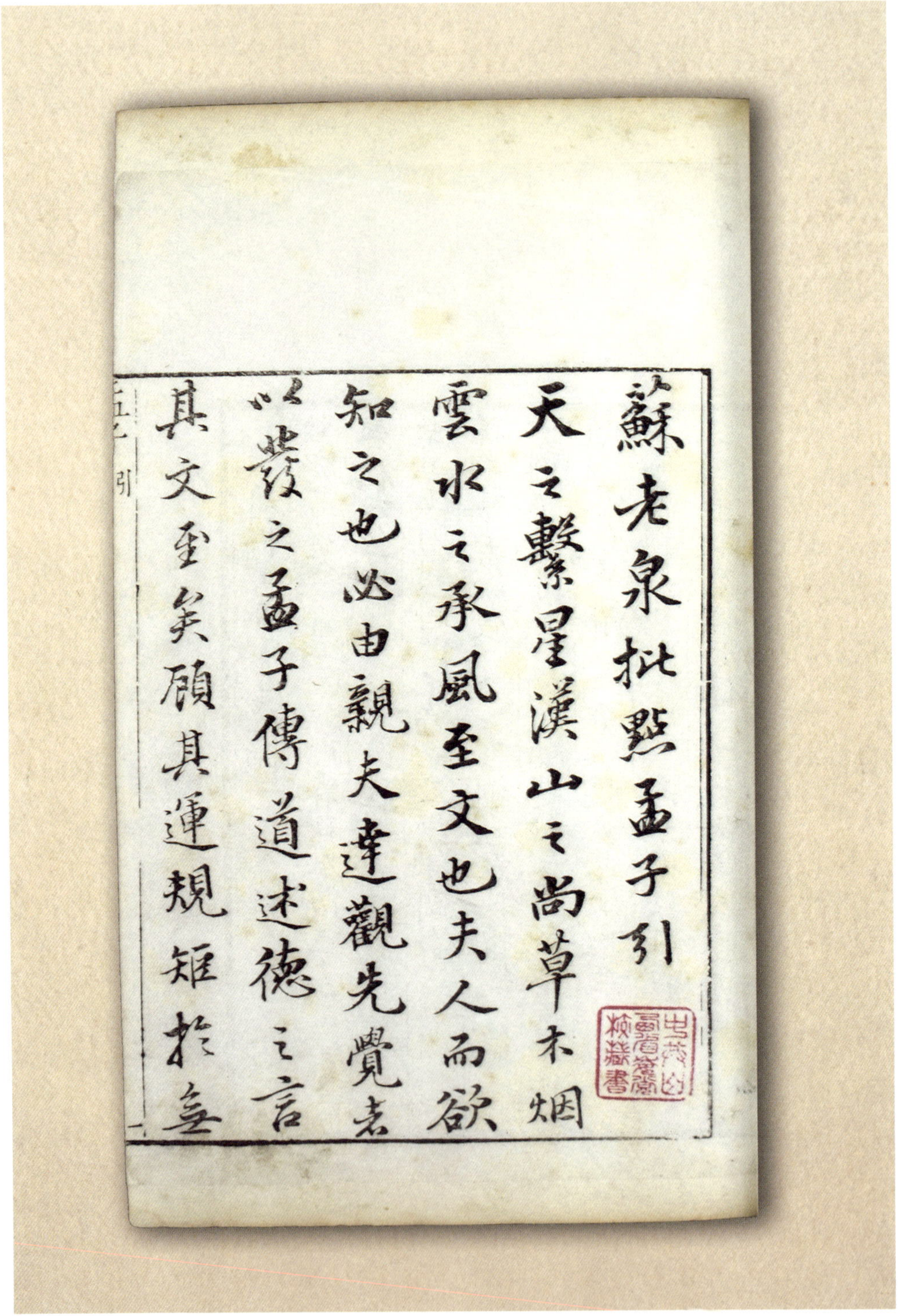

圖十　明萬曆四十五年（1617）朱墨二色套印本

《蘇老泉批點孟子二卷》序

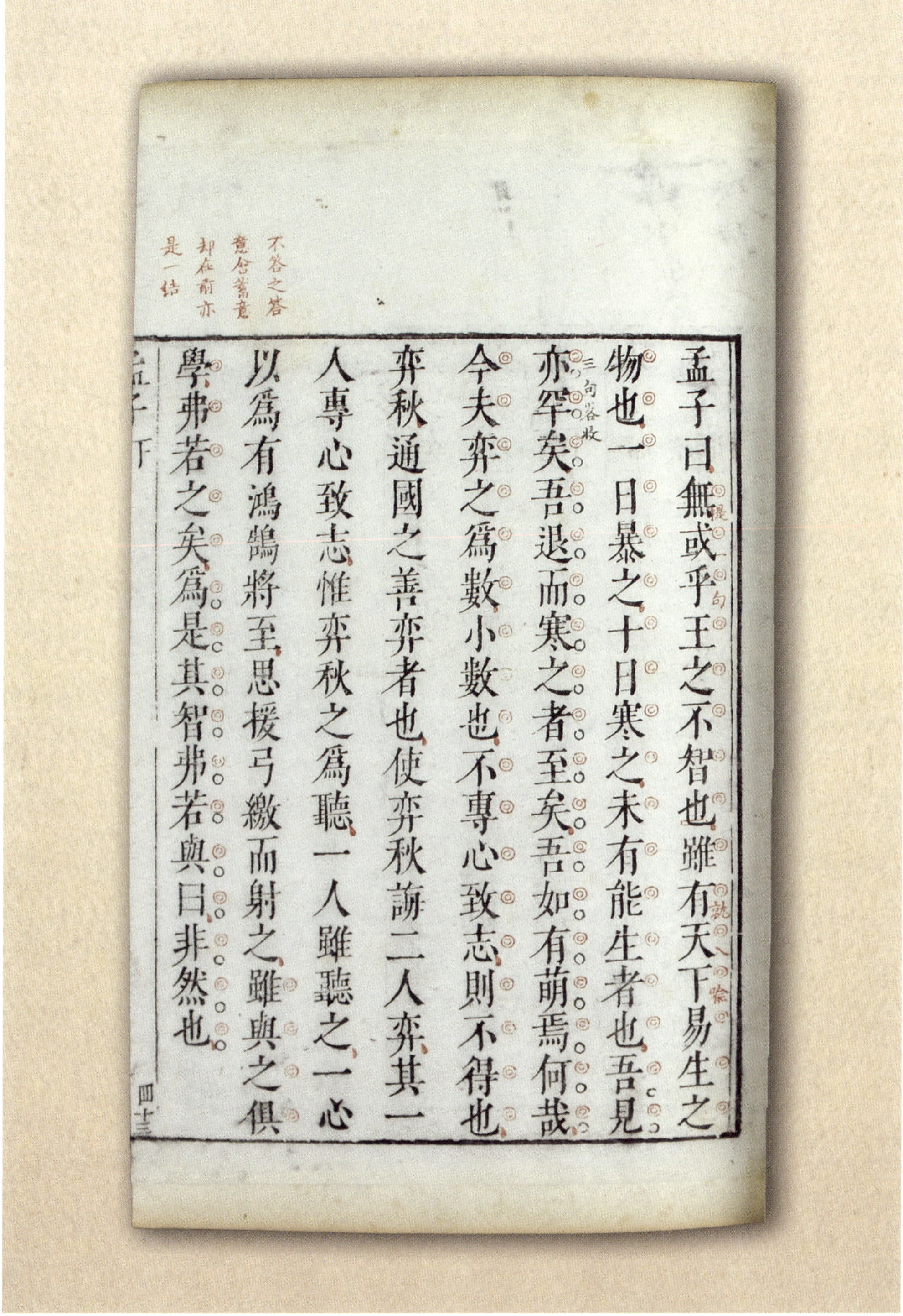
不答之答
意含蓄意
却在前亦
是一結

孟子曰無或乎王之不智也雖有天下易生之物也一日暴之十日寒之未有能生者也吾見亦罕矣吾退而寒之者至矣吾如有萌焉何哉

三句答收

今夫弈之爲數小數也不專心致志則不得也弈秋通國之善弈者也使弈秋誨二人弈其一人專心致志惟弈秋之爲聽一人雖聽之一心以爲有鴻鵠將至思援弓繳而射之雖與之俱學弗若之矣爲是其智弗若與曰非然也

孟子下　四十三

圖十一　明萬曆四十五年（1617）朱墨二色套印本

《蘇老泉批點孟子二卷》內頁

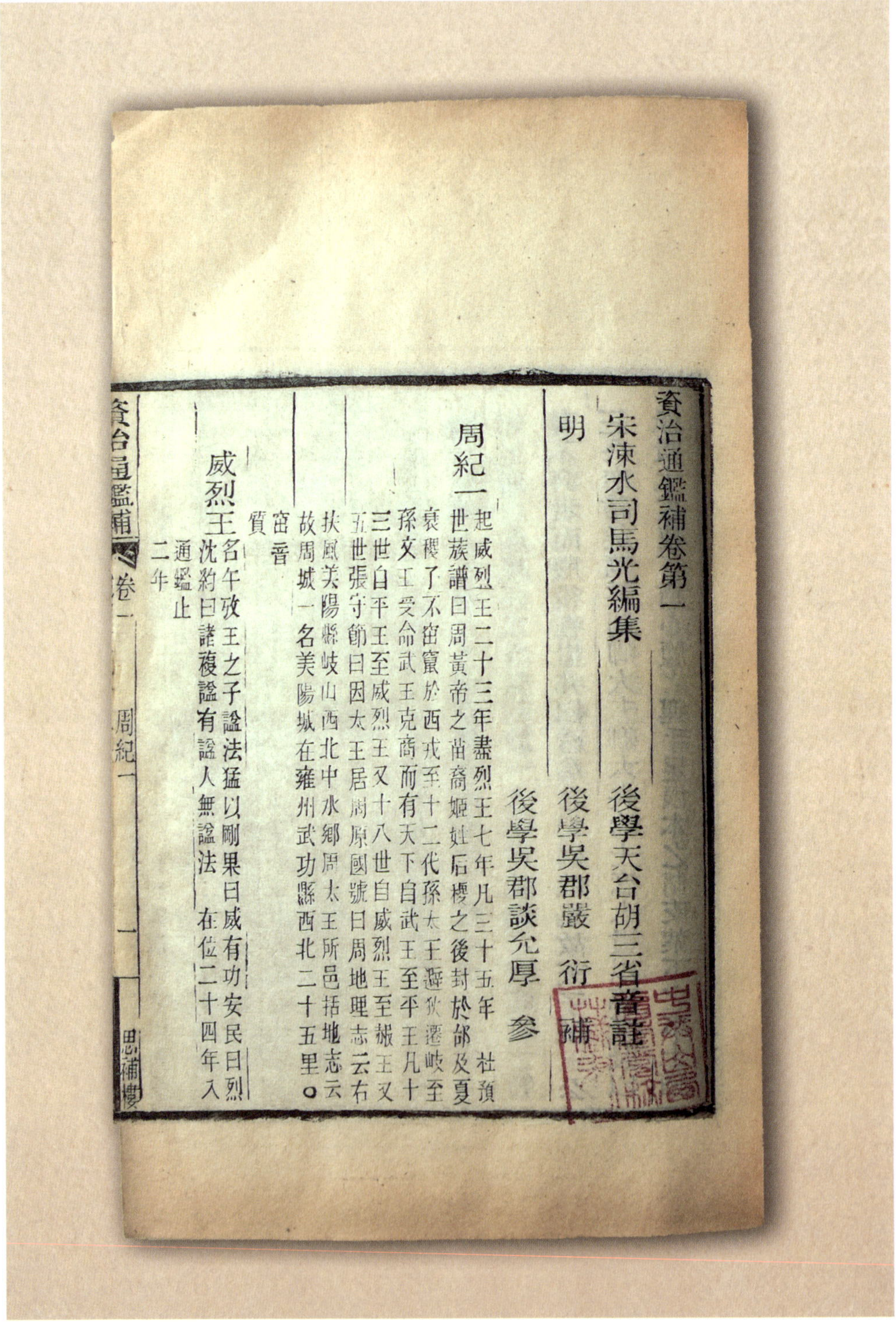

圖十二　清光緒二年（1876）盛氏思補樓木活字印本
《資治通鑑補二百九十四卷》卷首

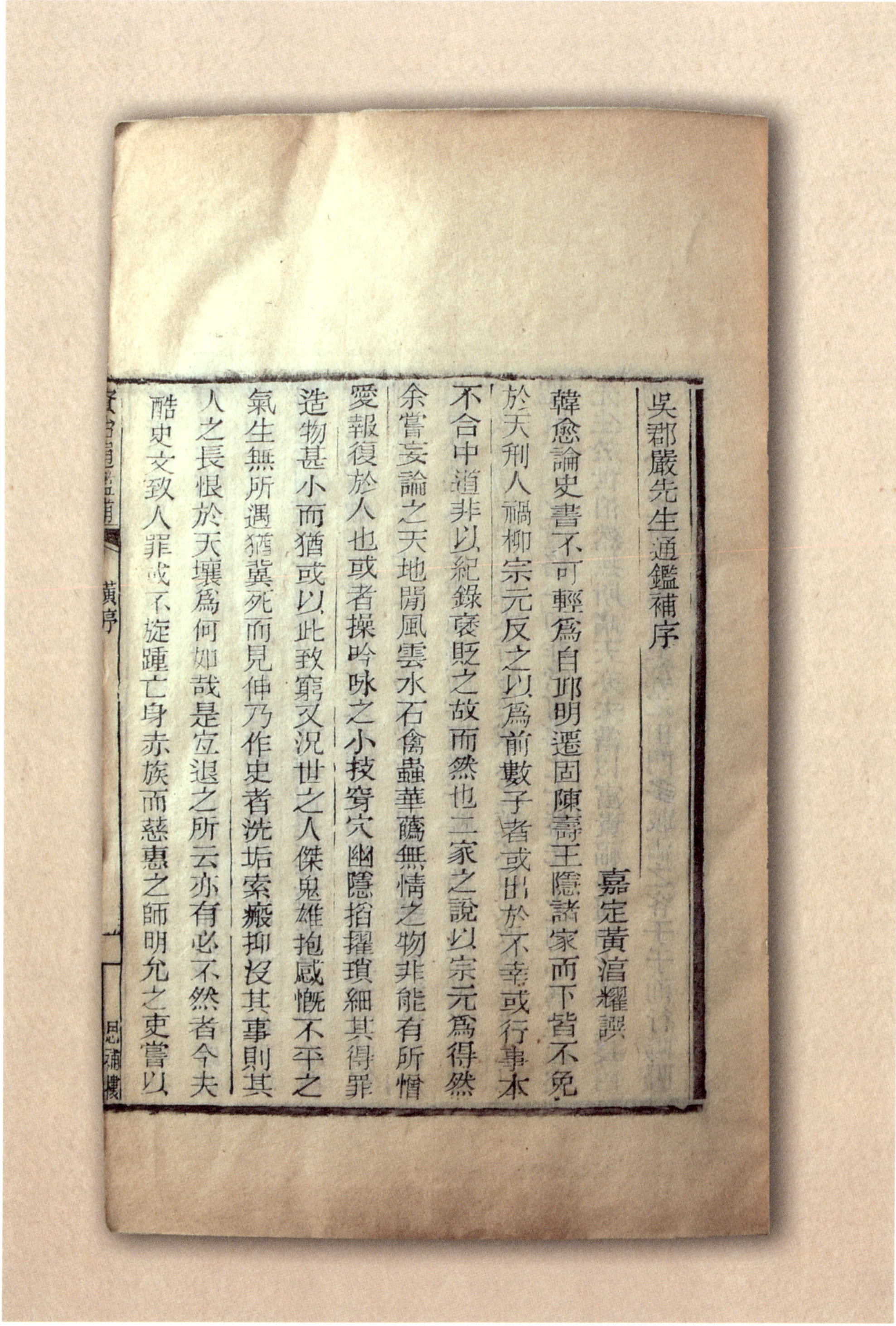

吳郡嚴先生通鑑補序

嘉定黃淯耀譔

韓愈論史書不可輕爲自邱明遷固陳壽王隱諸家而下皆不免於天刑人禍柳宗元反之以爲前數子者或出於不幸或行事本不合中道非以紀錄褒貶之故而然也二家之說以宗元爲得然余嘗妄論之天地閒風雲水石禽蟲華蘤無情之物非能有所憎愛報復於人也或者操吟咏之小技穹穴幽隱掐擢瑣細其得罪造物甚小而猶或以此致窮又況世之人傑鬼雄抱慼慨不平之氣生無所遇猶冀死而見伸乃作史者洗垢索瘢抑沒其事則其人之長恨於天壤爲何如哉是豈退之所云亦有必不然者今夫酷吏文致人罪或不旋踵亡身赤族而慈惠之師明允之吏嘗以

資治通鑑補　黃序　思補樓

圖十三　清光緒二年（1876）盛氏思補樓木活字印本
《資治通鑑補二百九十四卷》序

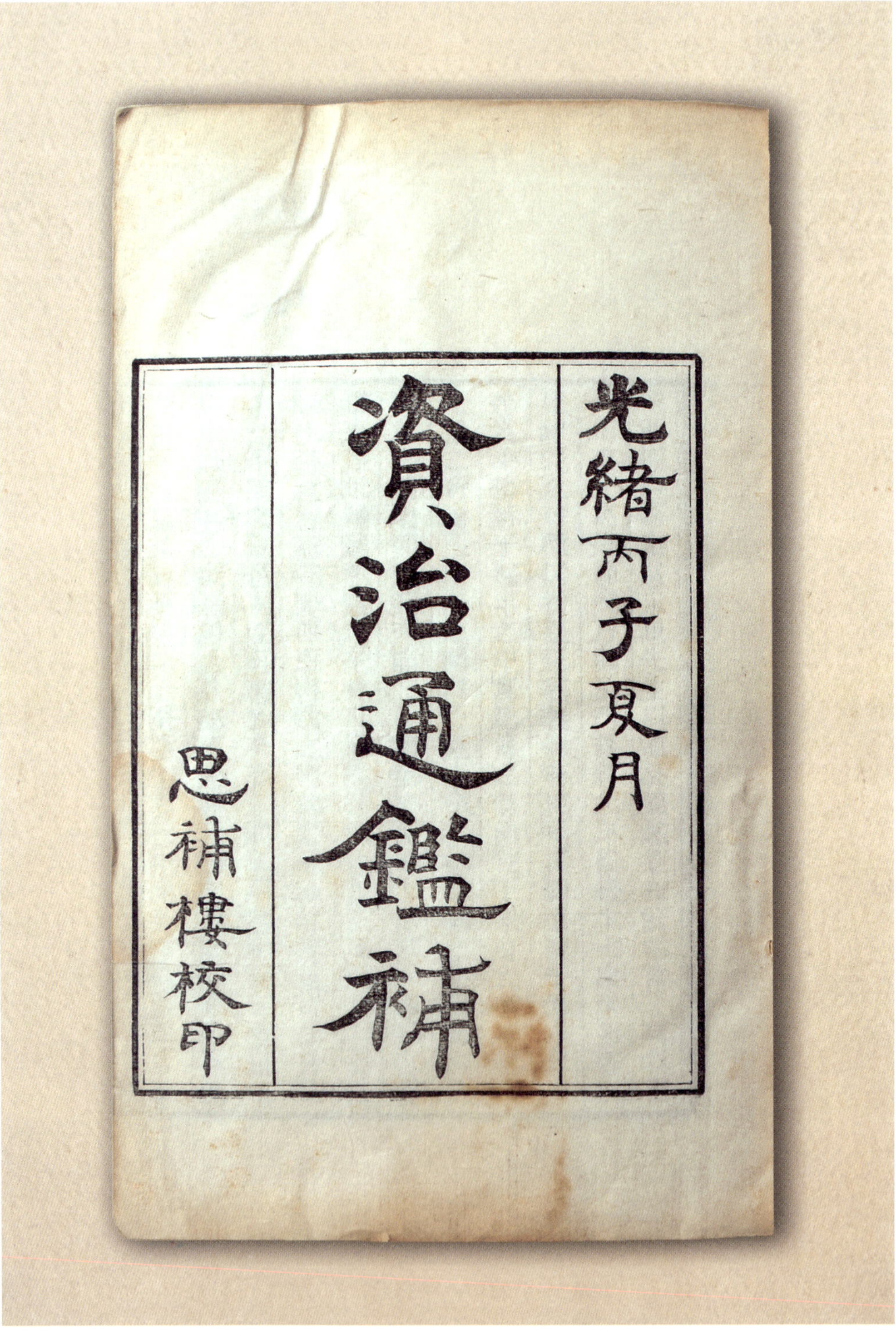

圖十四　清光緒二年（1876）盛氏思補樓木活字印本
《資治通鑑補二百九十四卷》書牌

圖十五　清光緒十八年（1892）江北刻經處刻本
《高僧傳初集十五卷》

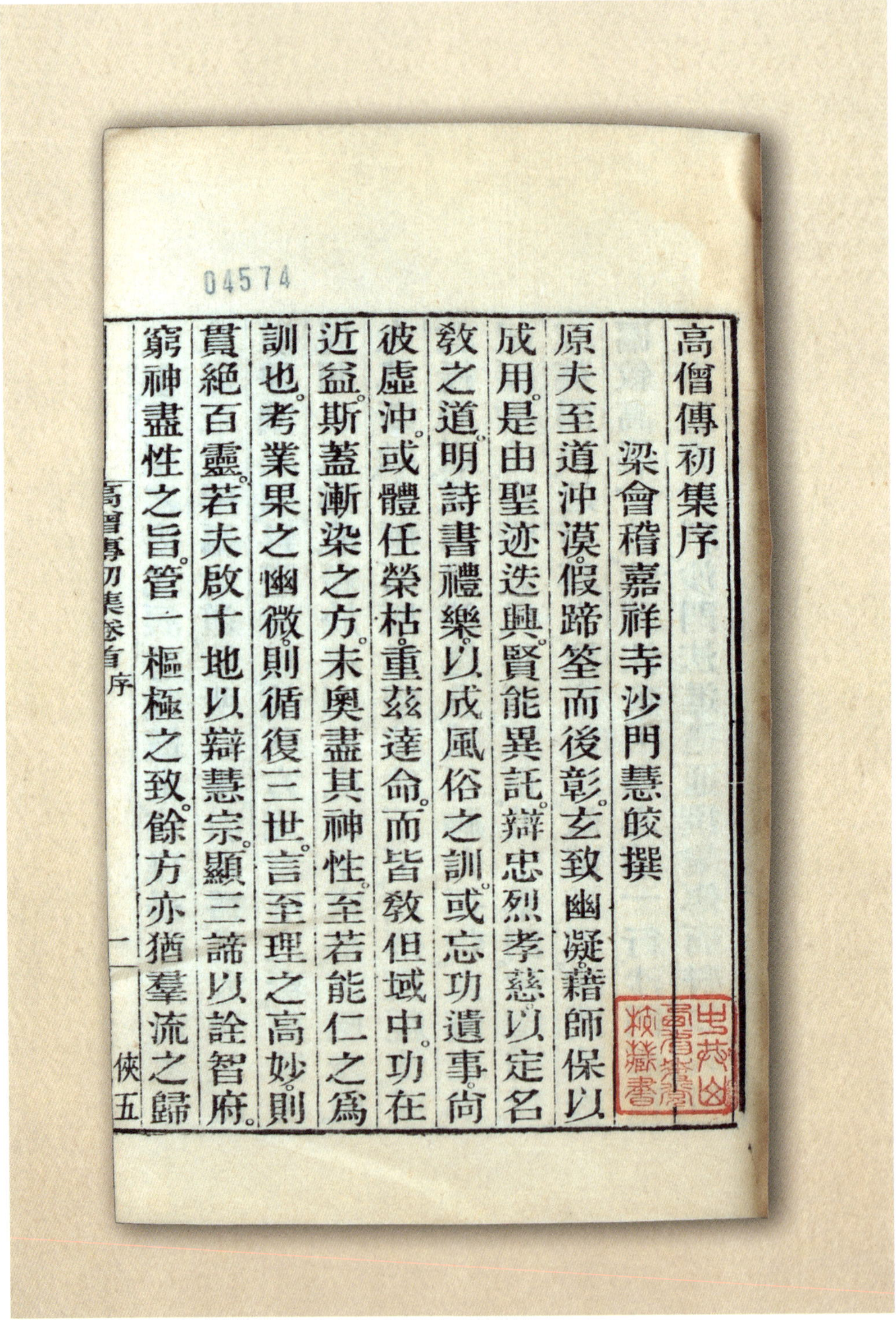

圖十六　清光緒十八年（1892）江北刻經處刻本

《高僧傳初集十五卷》序

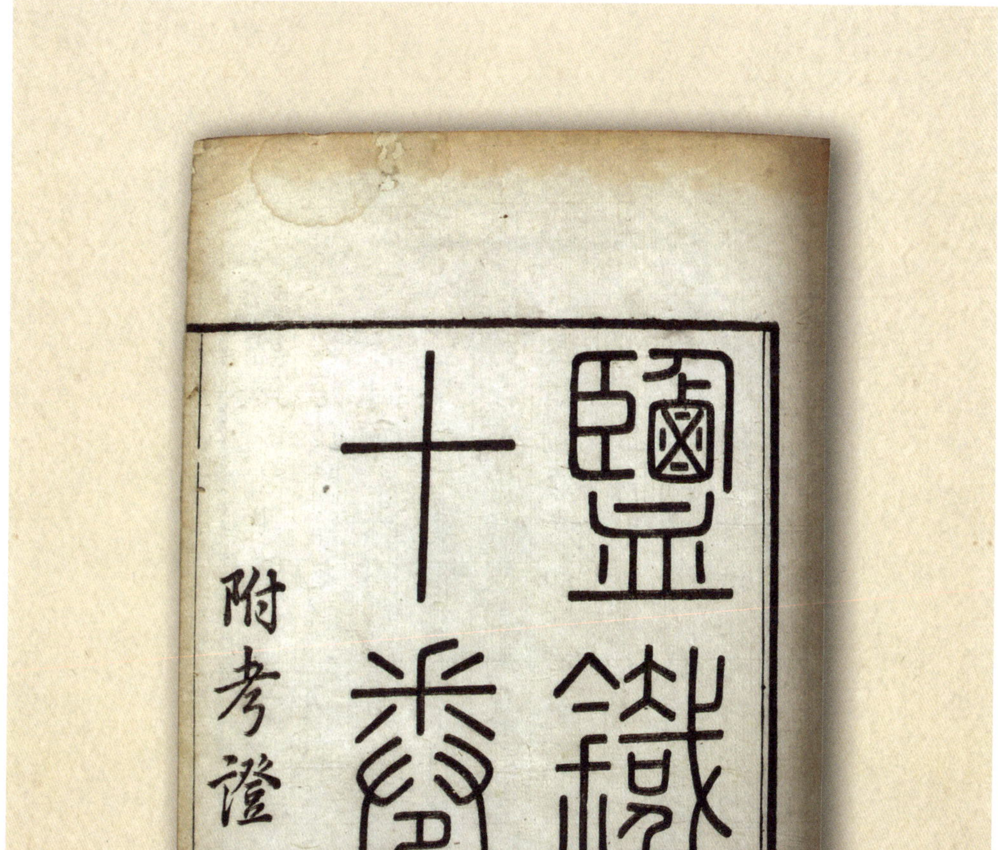

圖十七　清嘉慶十二年（1807）陽城張氏刻本

《鹽鐵論十卷附考證》書牌

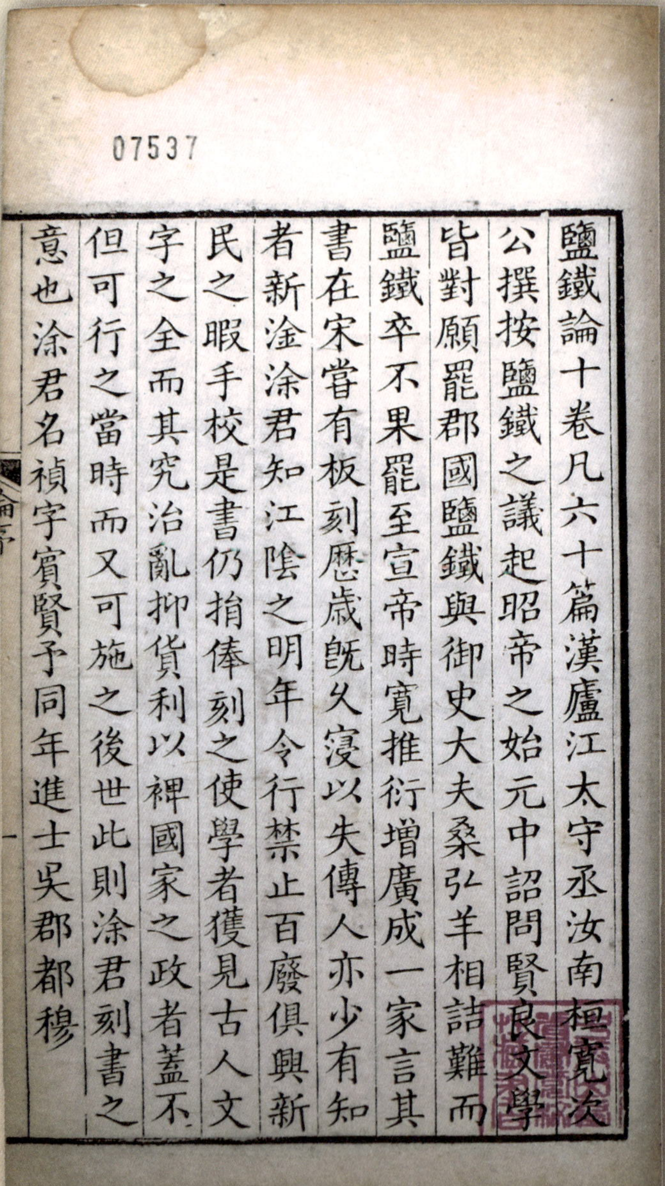

鹽鐵論十卷凡六十篇漢廬江太守丞汝南桓寬次公撰按鹽鐵之議起昭帝之始元中詔問賢良文學皆對願罷郡國鹽鐵與御史大夫桑弘羊相詰難而鹽鐵卒不果罷至宣帝時寬推衍增廣成一家言其書在宋嘗有板刻歷歲既久寖以失傳人亦少有知者新淦涂君知江陰之明年令行禁止百廢俱興新民之暇手校是書仍捐俸刻之使學者獲見古人文字之全而其究治亂抑貨利以裨國家之政者蓋不但可行之當時而又可施之後世此則涂君刻書之意也涂君名禎字賓賢予同年進士吳郡都穆

圖十八　清嘉慶十二年（1807）陽城張氏刻本

《鹽鐵論十卷附考證》序

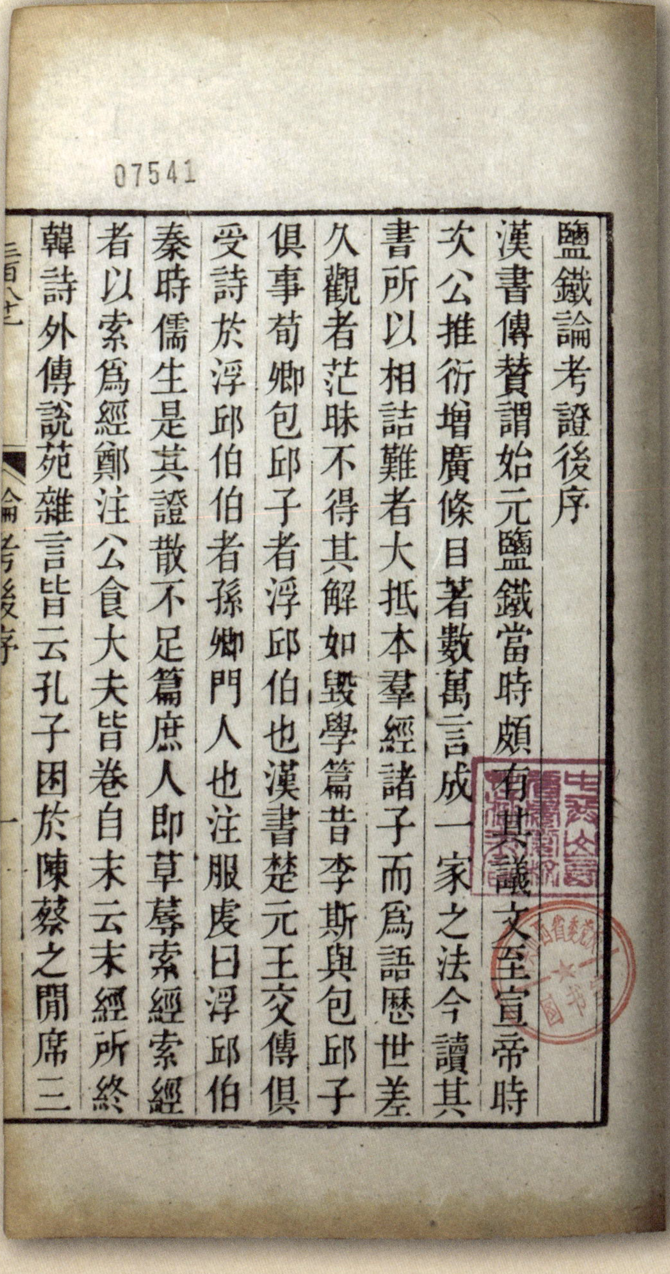

07541

鹽鐵論考證後序

漢書傳贊謂始元鹽鐵當時頗有其議文至宣帝時次公推衍增廣條目著數萬言成一家之法今讀其書所以相詰難者大抵本羣經諸子而爲語歷世差久觀者茫昧不得其解如毀學篇昔李斯與包邱子俱事荀卿包邱子者浮邱伯也漢書楚元王交傳俱受詩於浮邱伯伯者孫卿門人也注服虔曰浮邱伯秦時儒生是其證散不足篇庶人即草蓐索經索經者以索爲經鄭注公食大夫皆卷自末云末經所終韓詩外傳說苑雜言皆云孔子困於陳蔡之閒席三

鹽鐵論考證後序　一

圖十九　清嘉慶十二年（1807）陽城張氏刻本

《鹽鐵論十卷附考證》後序

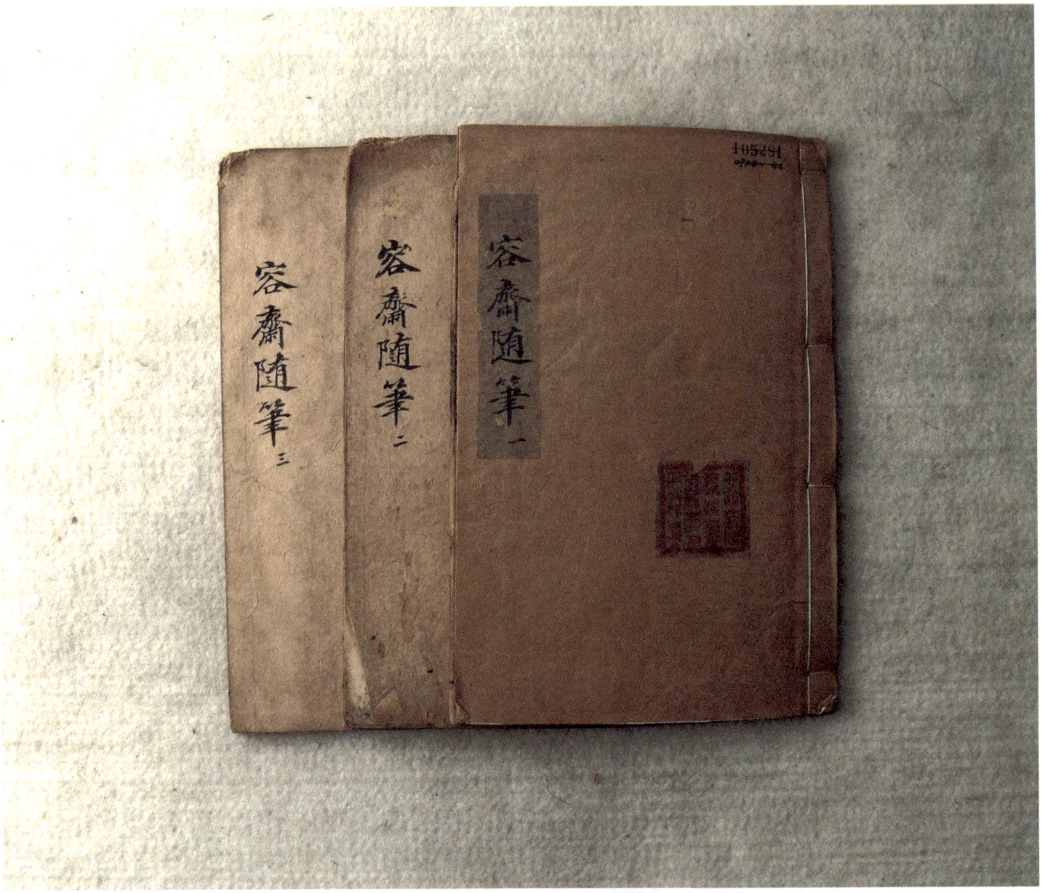

圖二十　明崇禎三年（1630）馬元調刻本

《容齋隨筆十六卷續筆十六卷三筆十六卷四筆十六卷五筆十卷》

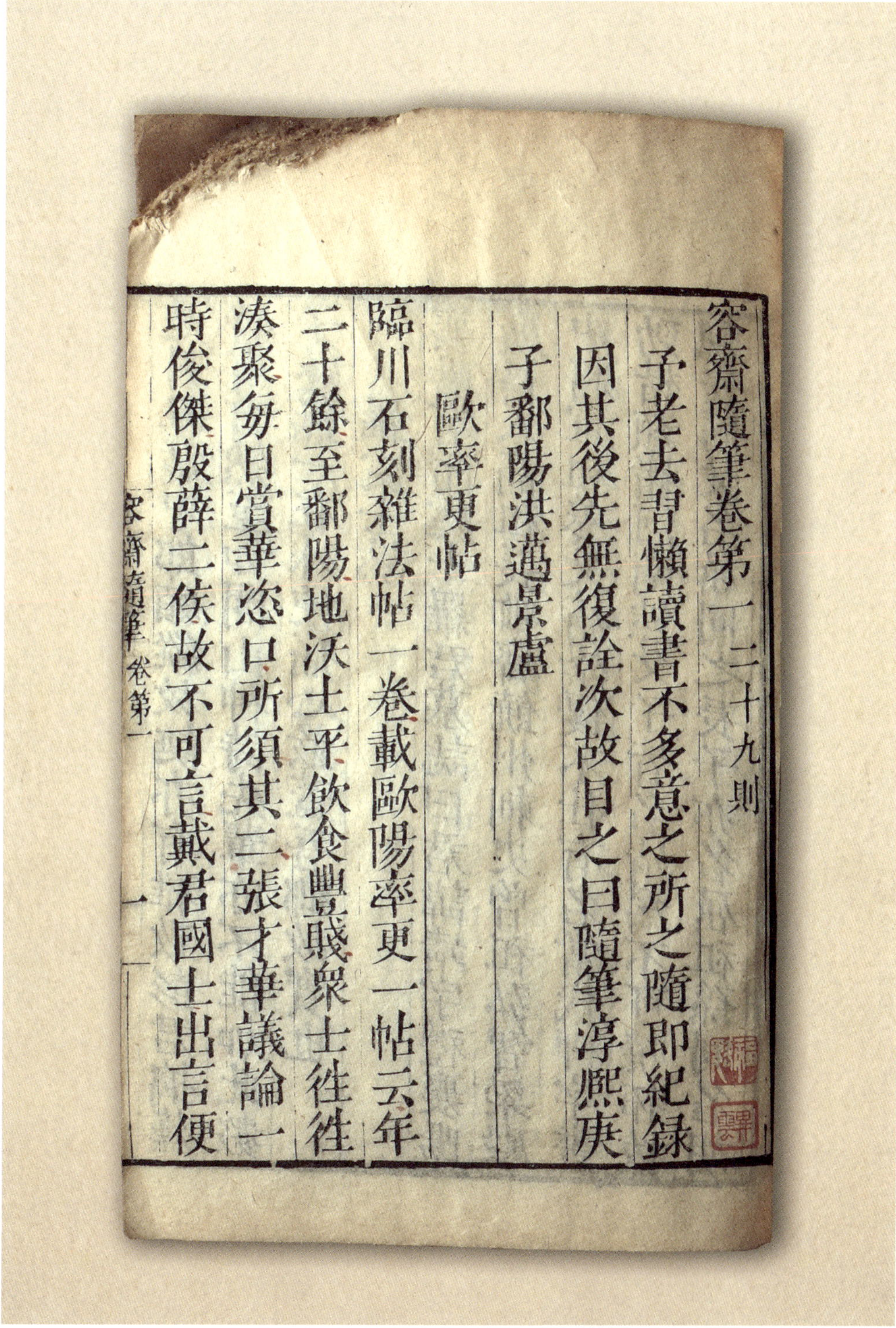

容齋隨筆卷第一　二十九則

予老去習懶讀書不多意之所之隨即紀録因其後先無復詮次故目之曰隨筆淳熙庚子鄱陽洪邁景盧

歐率更帖

臨川石刻雜法帖一卷載歐陽率更一帖云年二十餘至鄱陽地沃土平飲食豐賤衆士往往湊聚每日賞華恣口所須其二張才華議論一時俊傑殷薛二侯故不可言戴君國士出言便

容齋隨筆　卷第一　一

圖二十一　明崇禎三年（1630）馬元調刻本

《容齋隨筆十六卷續筆十六卷三筆十六卷四筆十六卷五筆十卷》卷首

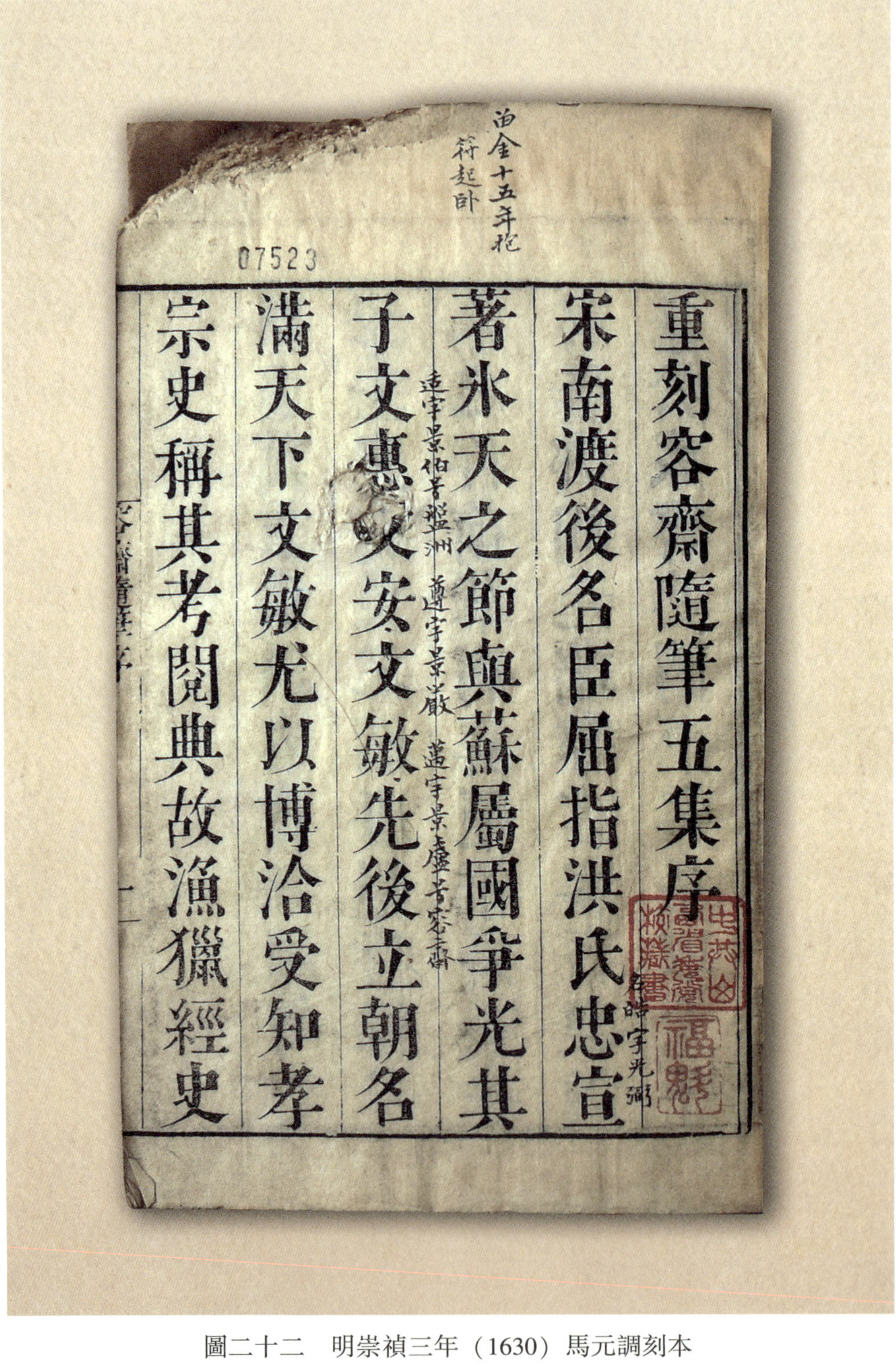

07523

重刻容齋隨筆五集序

宋南渡後名臣屈指洪氏忠宣（名皓字光弼）著氷天之節與蘇屬國爭光其子文惠（适字景伯號盤洲）文安（遵字景嚴）文敏（邁字景盧號容齋）先後立朝名滿天下文敏尤以博洽受知孝宗史稱其考閱典故漁獵經史

容齋隨筆序　一

圖二十二　明崇禎三年（1630）馬元調刻本

《容齋隨筆十六卷續筆十六卷三筆十六卷四筆十六卷五筆十卷》序

圖二十三　清乾隆三十二年（1767）古榕方氏倣范軒刻本
《昭明文选集成六十卷》

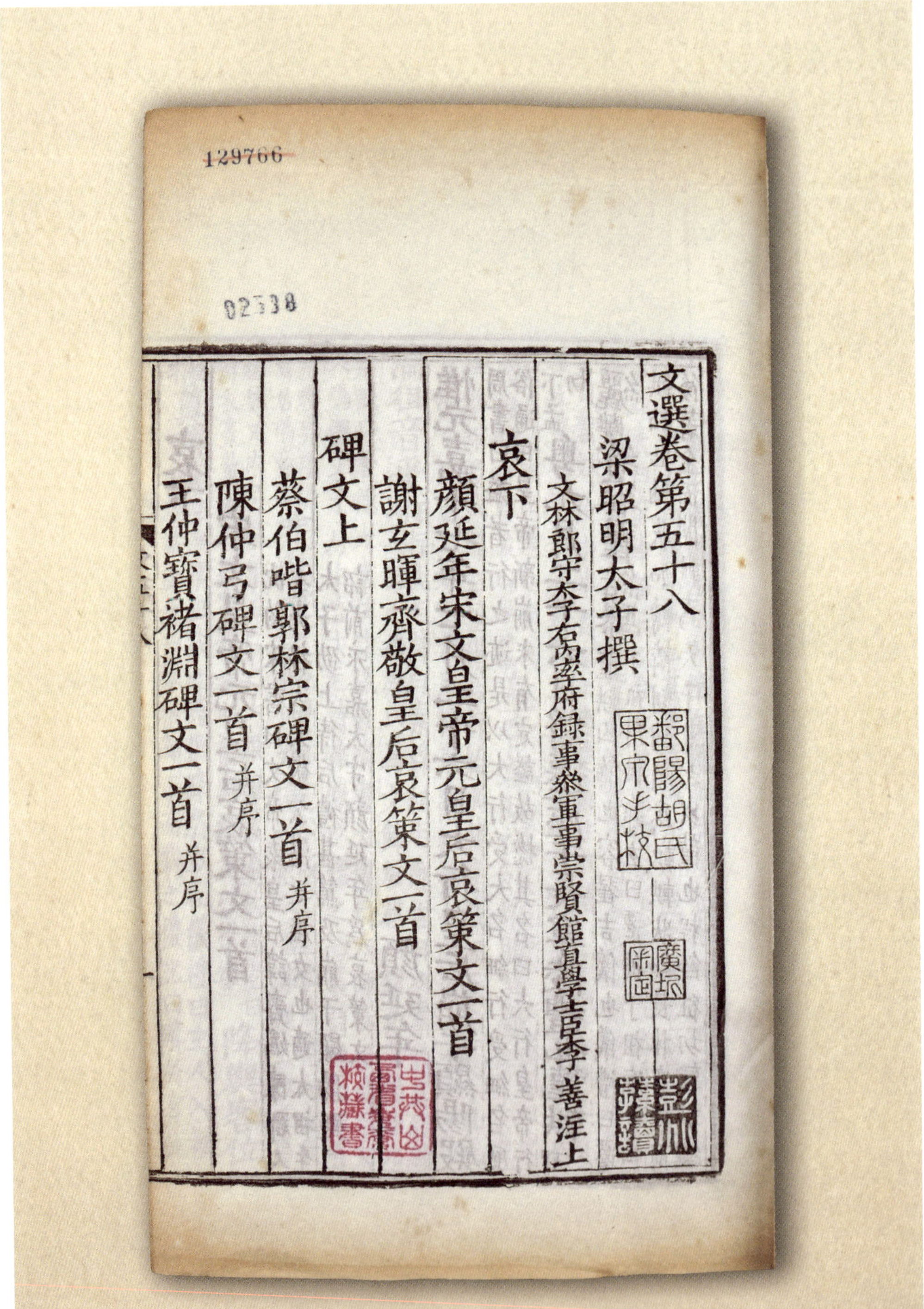
文選卷第五十八
梁昭明太子撰
文林郎守太子右內率府錄事參軍事崇賢館直學士臣李善注上
哀下
顏延年宋文皇帝元皇后哀策文一首
謝玄暉齊敬皇后哀策文一首
碑文上
蔡伯喈郭林宗碑文一首并序
陳仲弓碑文一首并序
王仲寶褚淵碑文一首并序

圖二十四　清乾隆三十二年（1767）古榕方氏倣范軒刻本
《昭明文选集成六十卷》卷五十八

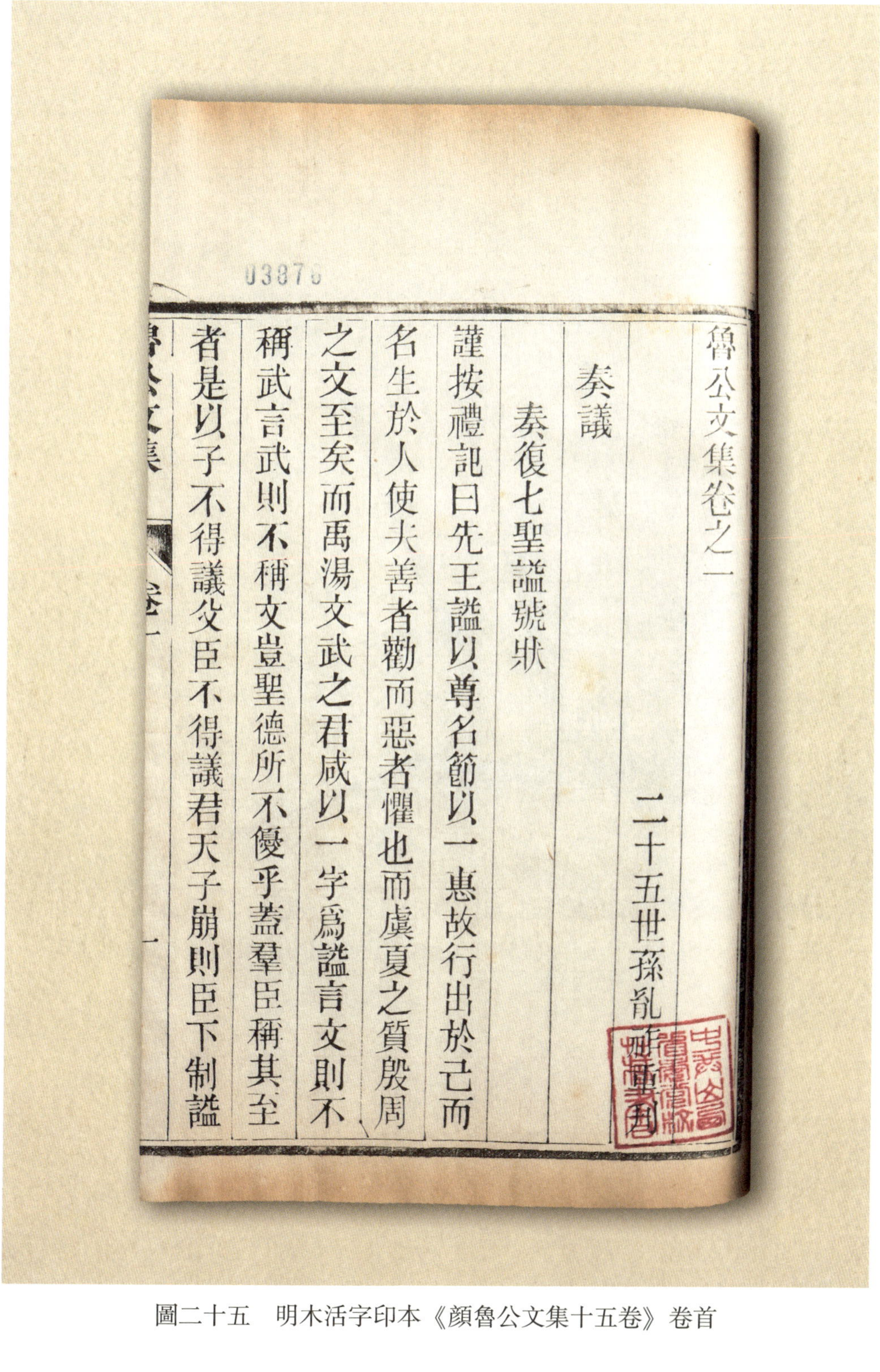

圖二十五　明木活字印本《顔魯公文集十五卷》卷首

圖二十六　明嘉靖十五年（1536）刻本《唐丞相曲江張先生文集二十卷》

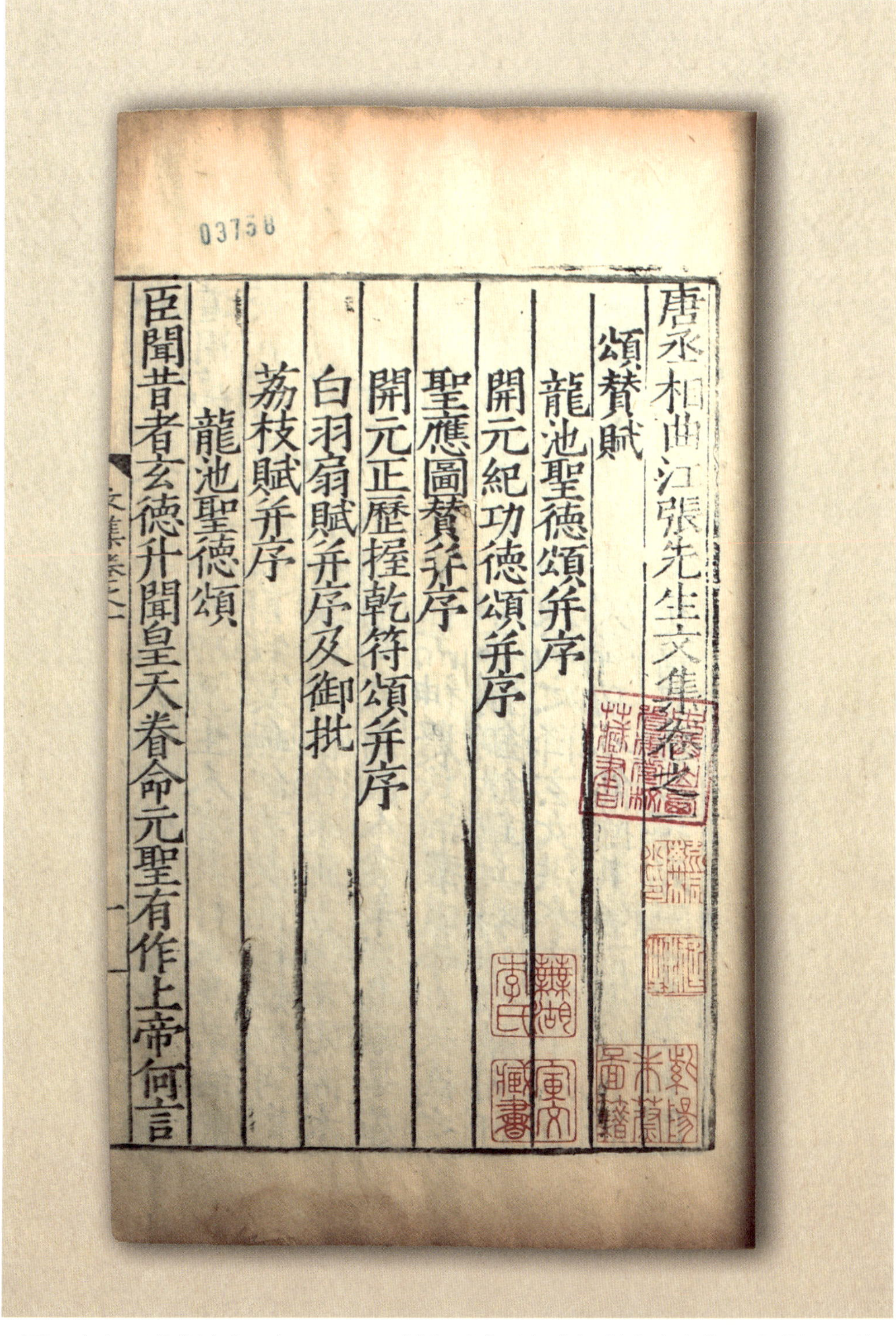

圖二十七　明嘉靖十五年（1536）刻本《唐丞相曲江張先生文集二十卷》卷首

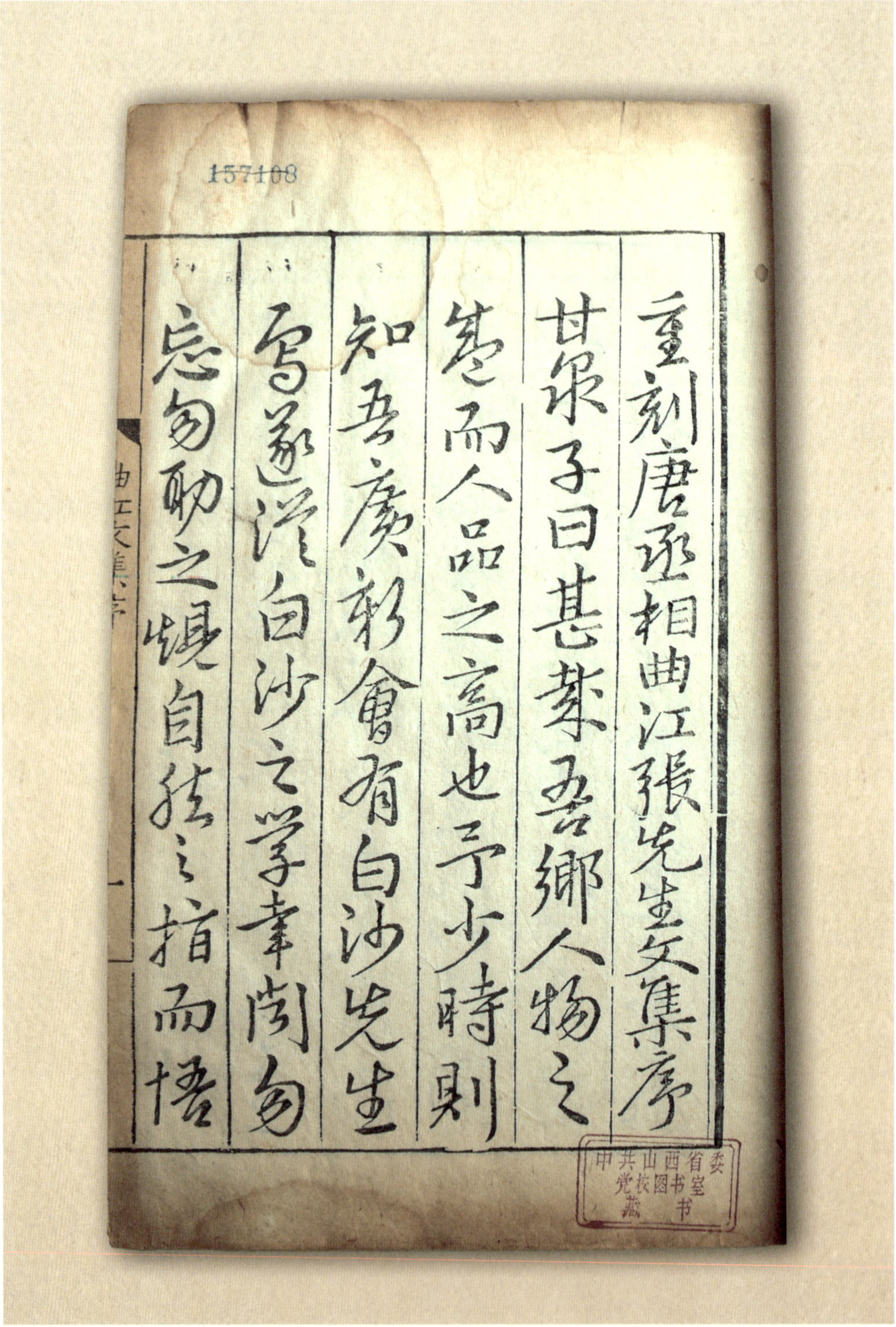

重刻唐丞相曲江張先生文集序
甘泉子曰甚矣吾鄉人物之
盛而人品之高也予少時則
知吾廣新會有白沙先生
焉遂從白沙之學幸聞勿
忘勿助之規自然之指而悟
曲江文集序 一

圖二十八　明嘉靖十五年（1536）刻本《唐丞相曲江張先生文集二十卷》序

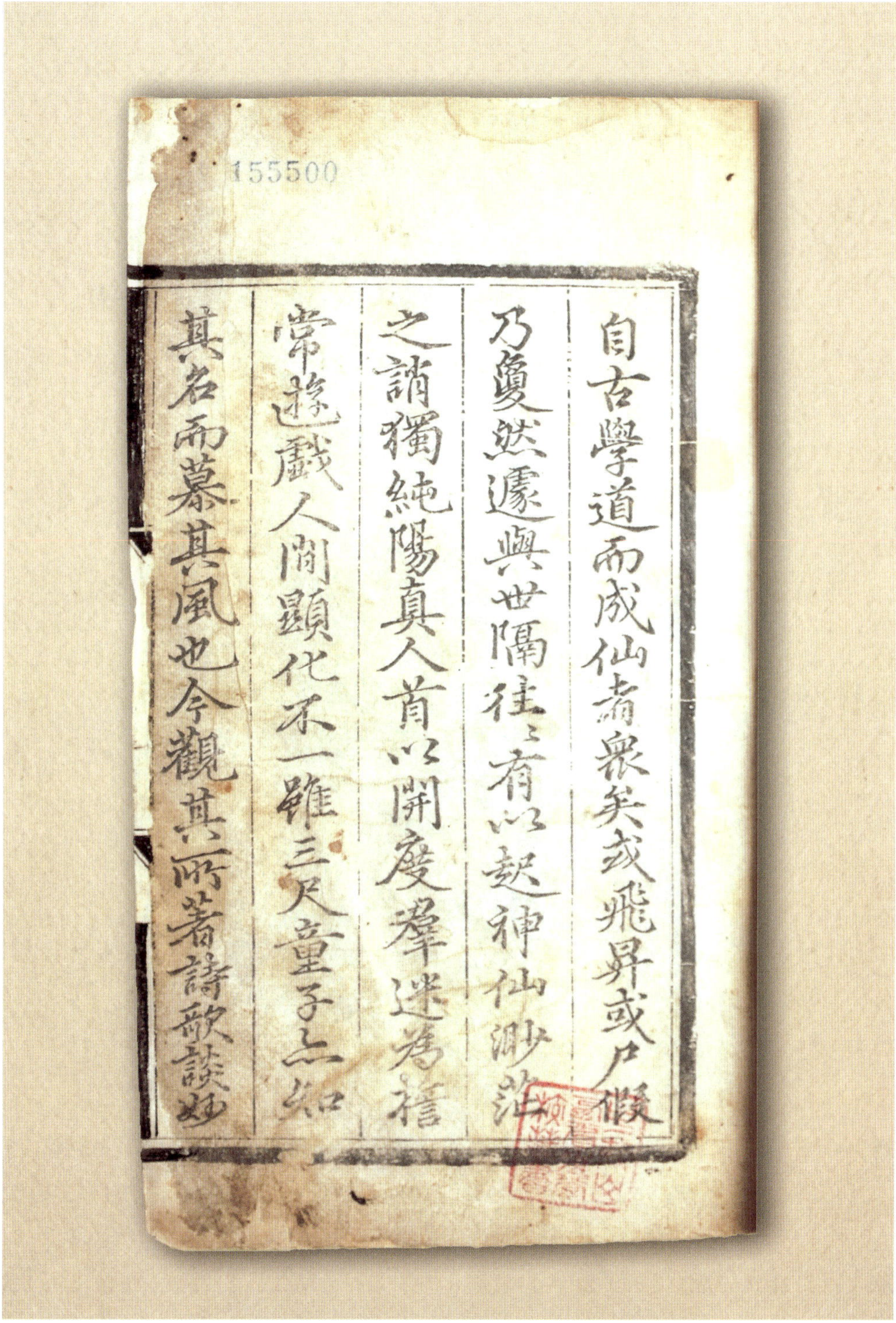

圖二十九　明初刻本《純陽呂真人文集八卷》序

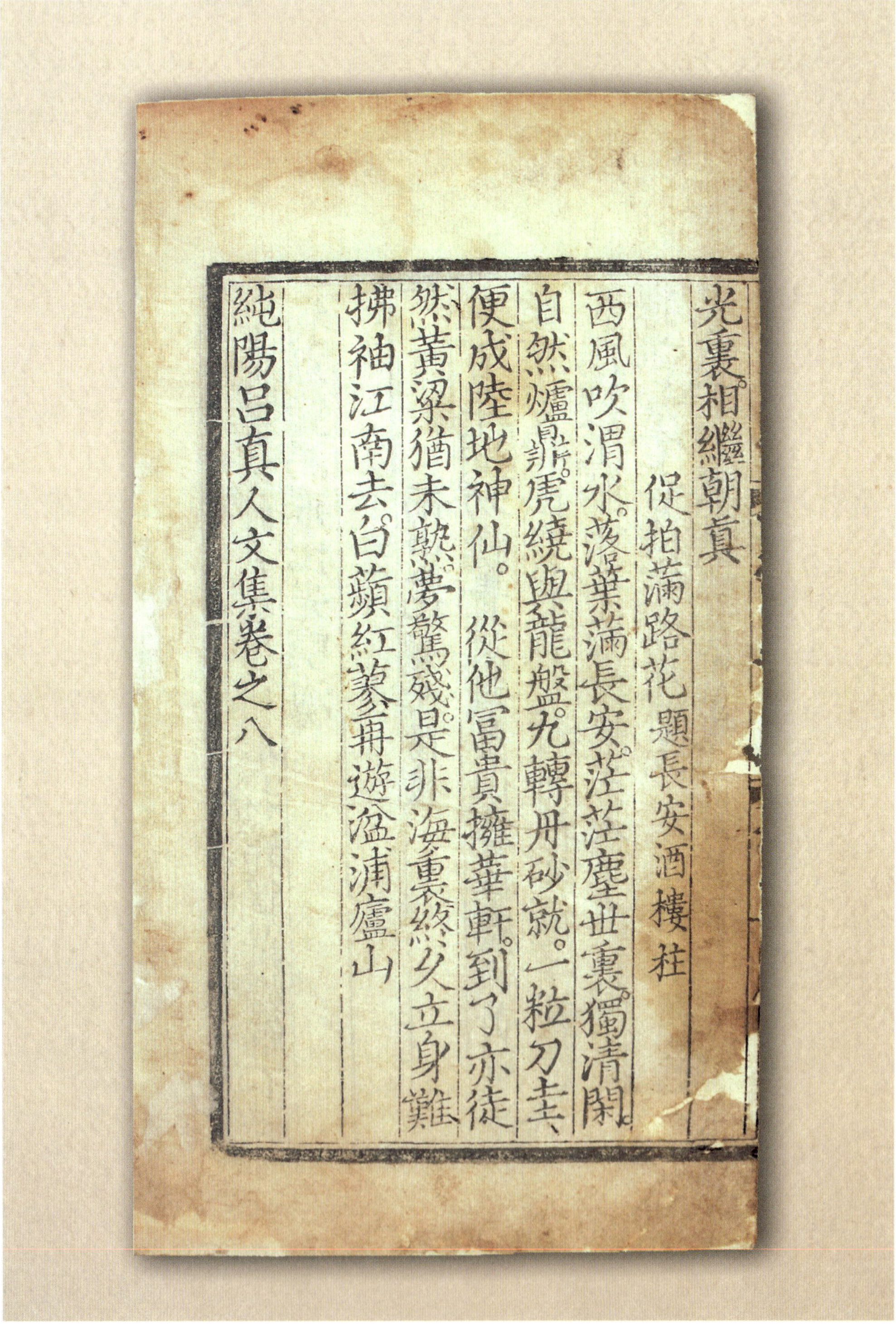
光裏相繼朝真
促拍滿路花　題長安酒樓柱
西風吹渭水。落葉滿長安。茫茫塵世裏。獨清閑
自然爐鼎。虎繞與龍盤。九轉丹砂就。一粒刀圭
便成陸地神仙。　從他富貴擁華軒。到了亦徒
然。黃粱猶未熟。夢驚殘。是非海裏。終久立身難
拂袖江南去。白蘋紅蓼。再遊湓浦廬山
純陽呂真人文集卷之八

圖三十　明初刻本《純陽呂真人文集八卷》卷末

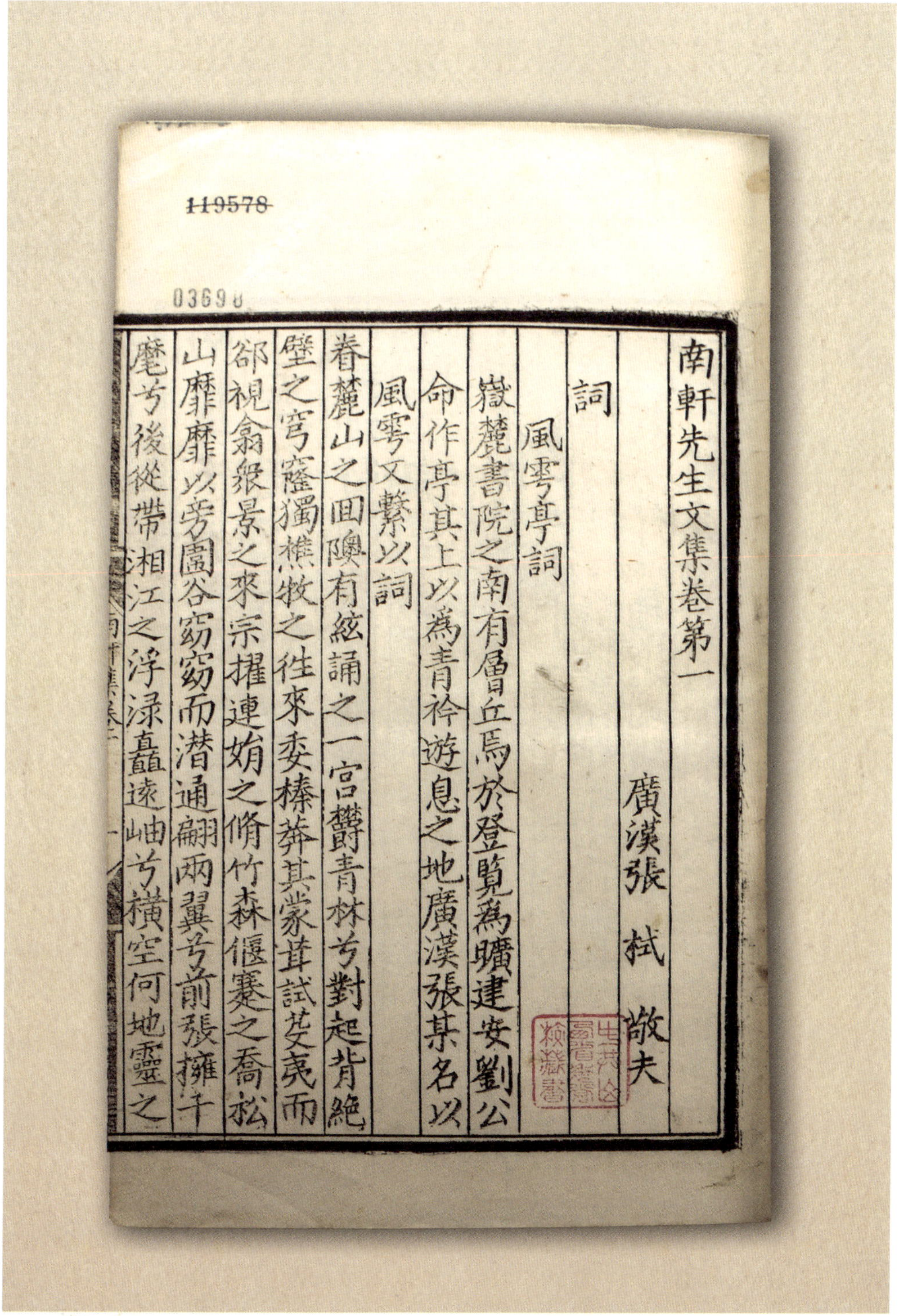

圖三十一　明弘治刻本《南軒先生文集四十四卷》卷首

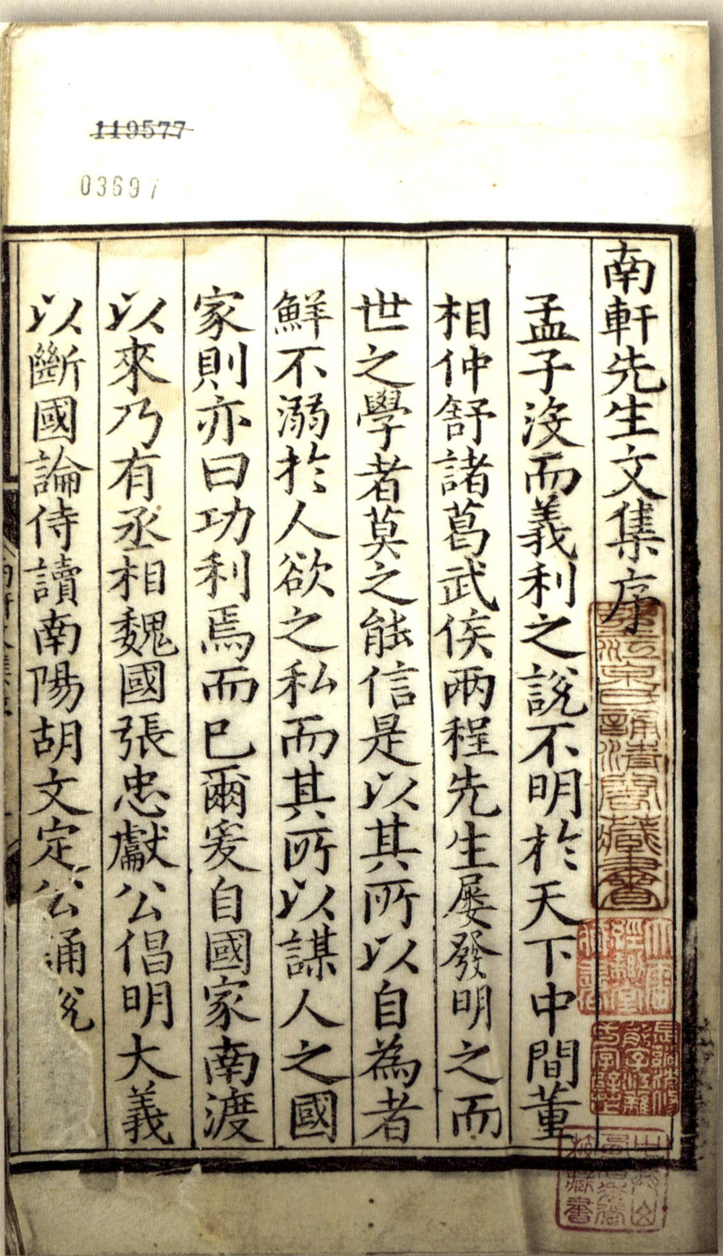

南軒先生文集序

孟子沒而義利之說不明於天下中間董相仲舒諸葛武侯兩程先生屢發明之而世之學者莫之能信是以其所以自為者鮮不溺於人欲之私而其所以謀人之國家則亦曰功利焉而已爾爰自國家南渡以來乃有丞相魏國張忠獻公倡明大義以斷國論侍讀南陽胡文定公誦說

圖三十二　明弘治刻本《南軒先生文集四十四卷》序

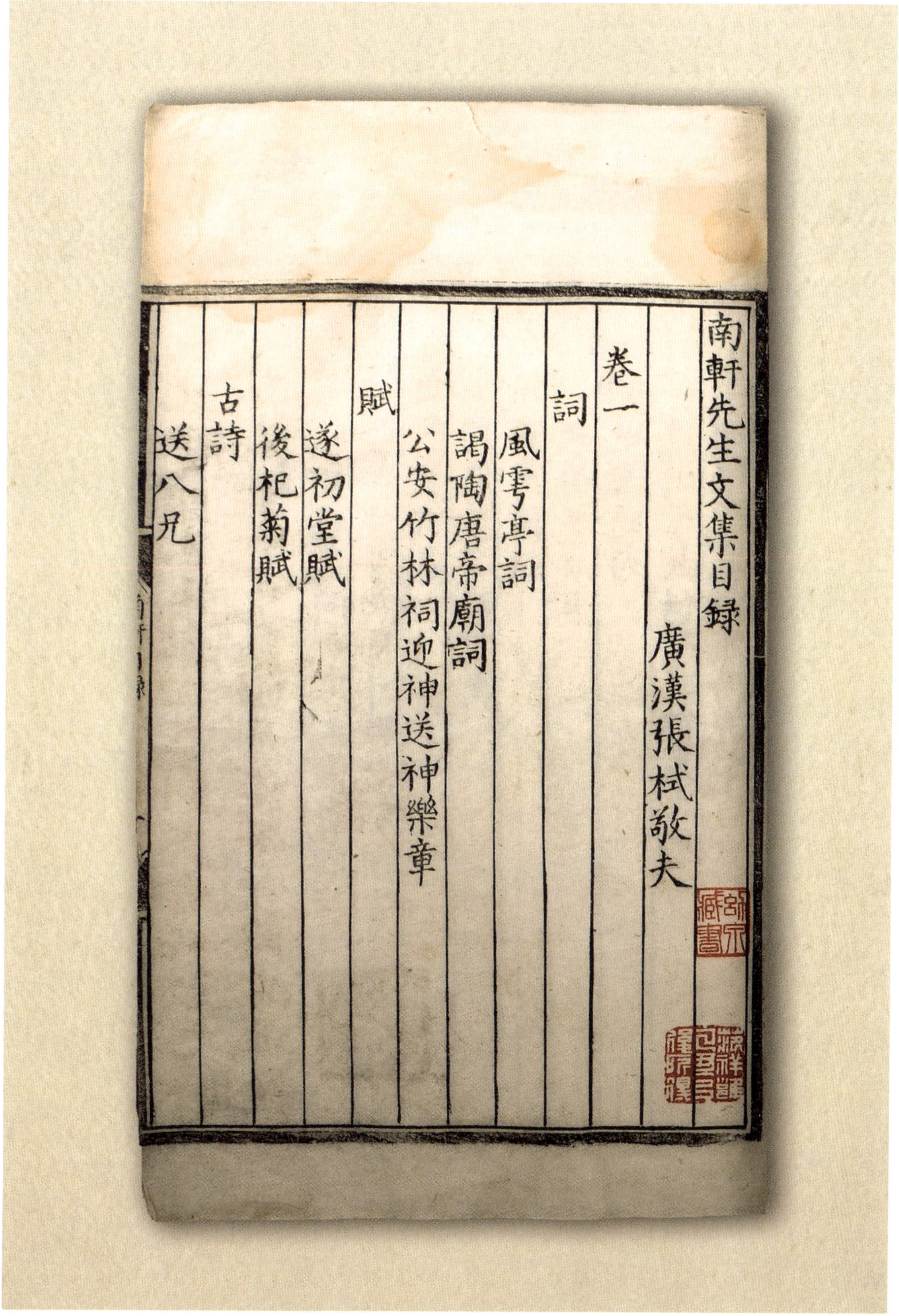
南軒先生文集目錄

廣漢張栻敬夫

卷一

詞

風雩亭詞

謁陶唐帝廟詞

公安竹林祠迎神送神樂章

賦

遂初堂賦

後杞菊賦

古詩

送八兄

圖三十三　明弘治刻本《南軒先生文集四十四卷》目録

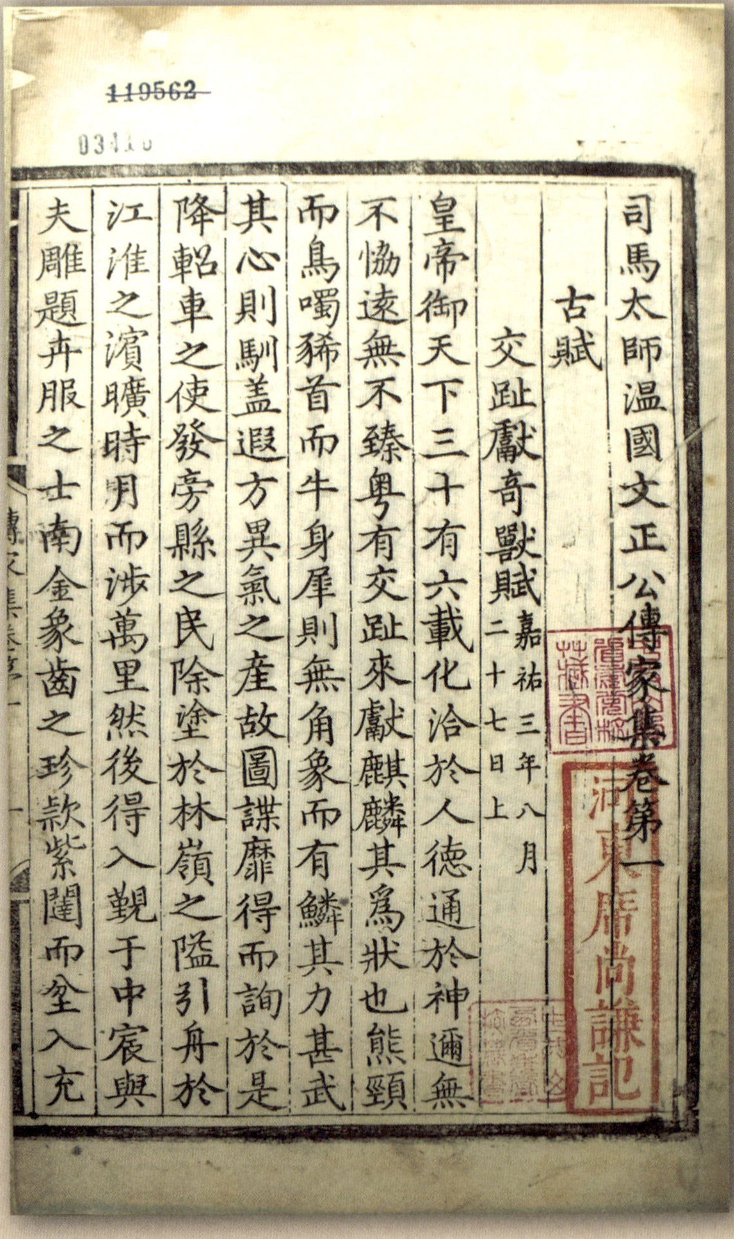

司馬太師温國文正公傳家集卷第一

古賦

交趾獻奇獸賦 嘉祐三年八月二十七日上

皇帝御天下三十有六載化洽於人德通於神遹無不恊遠無不臻粤有交趾來獻麒麟其爲狀也熊頸而鳥噣豨首而牛身犀則無角象而有鱗其力甚武其心則馴盖遐方異氣之產故圖諜靡得而詢於是降軺車之使發旁縣之民除塗於林嶺之隘引舟於江淮之濵曠時月而涉萬里然後得入覲于中宸與夫雕題卉服之士南金象齒之珍款紫闥而坌入充

圖三十四　明成化刻本《司馬太師温國文正公傳家集八十卷》卷首

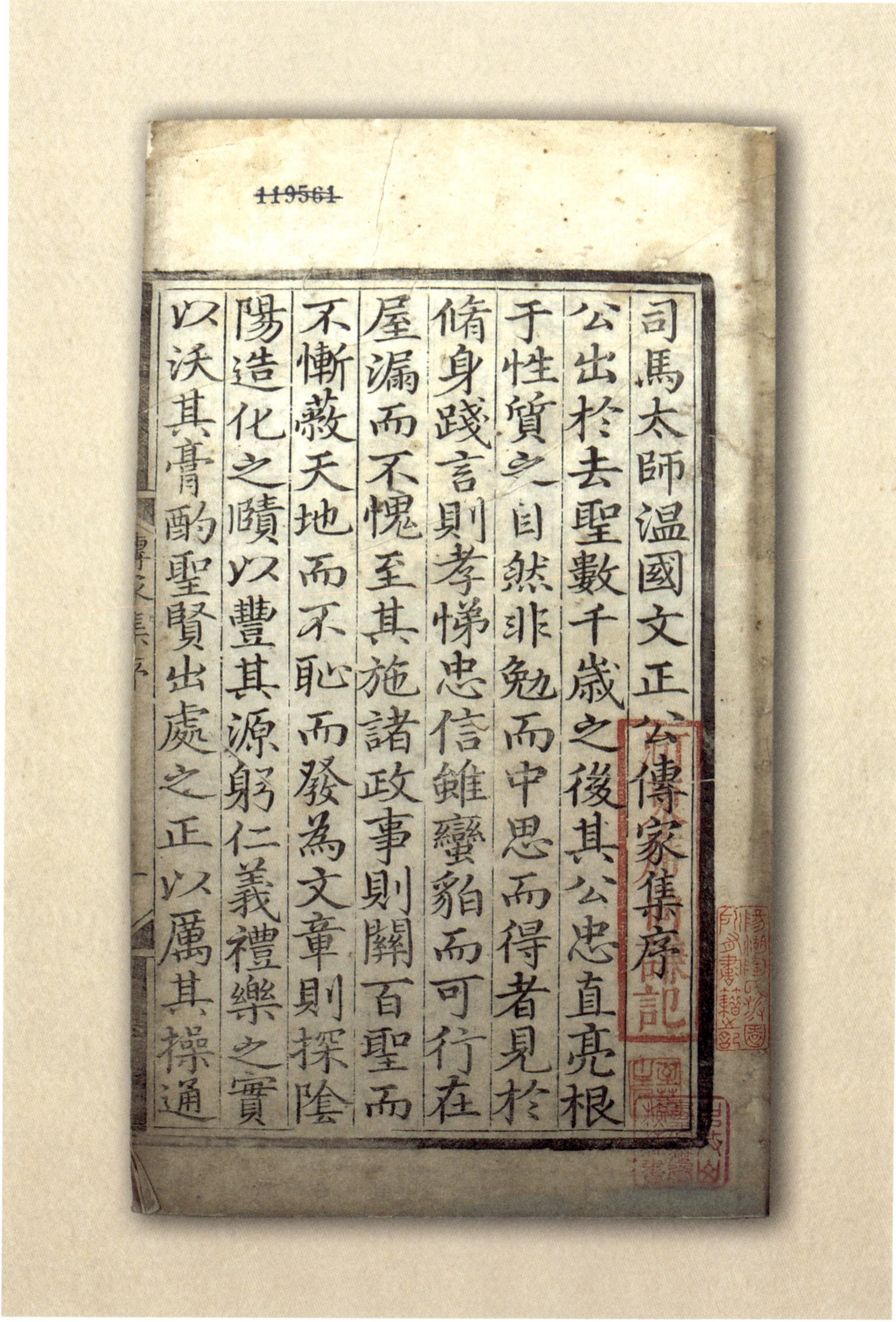
119561

司馬太師温國文正公傳家集序

公出於去聖數千歲之後其公忠直亮根于性質之自然非勉而中思而得者見於脩身踐言則孝悌忠信雖蠻貊而可行在屋漏而不愧至其施諸政事則闢百聖而不慚蔽天地而不恥而發為文章則探陰陽造化之賾以豊其源躬仁義禮樂之實以沃其膏馥聖賢出處之正以厲其操通

圖三十五　明成化刻本《司馬太師温國文正公傳家集八十卷》序

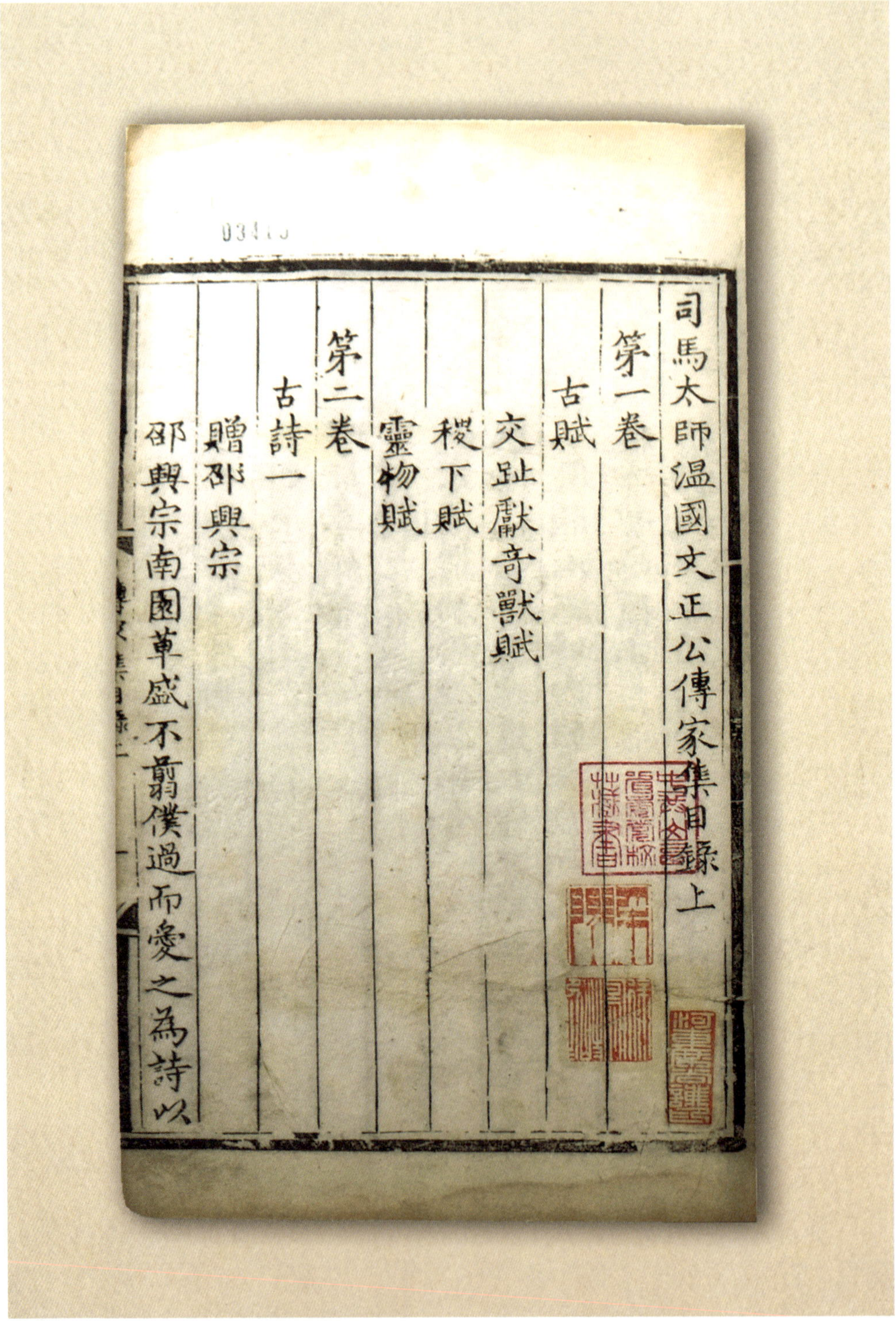

圖三十六　明成化刻本《司馬太師温國文正公傳家集八十卷》目録

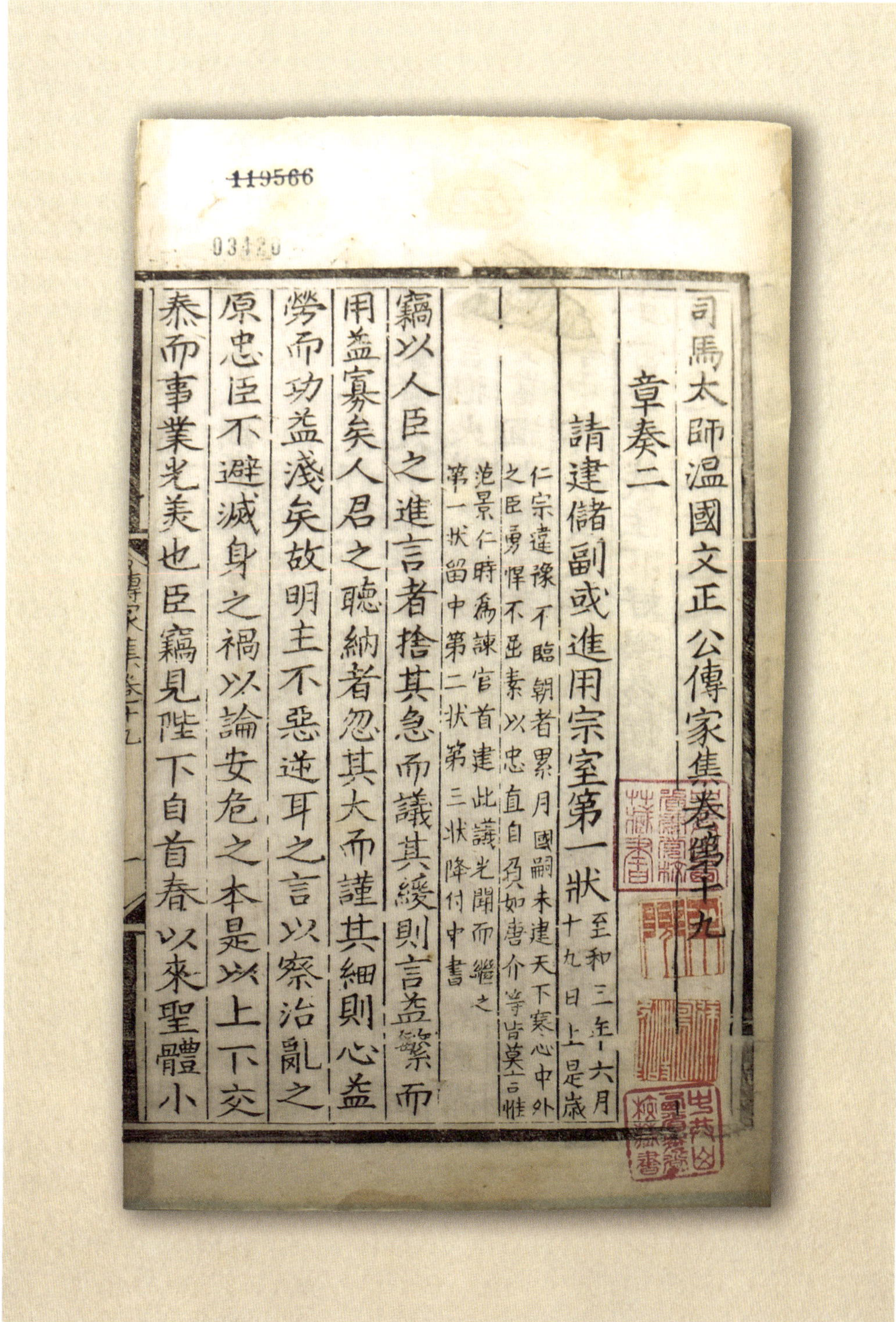

圖三十七　明成化刻本《司馬太師温國文正公傳家集八十卷》卷十九

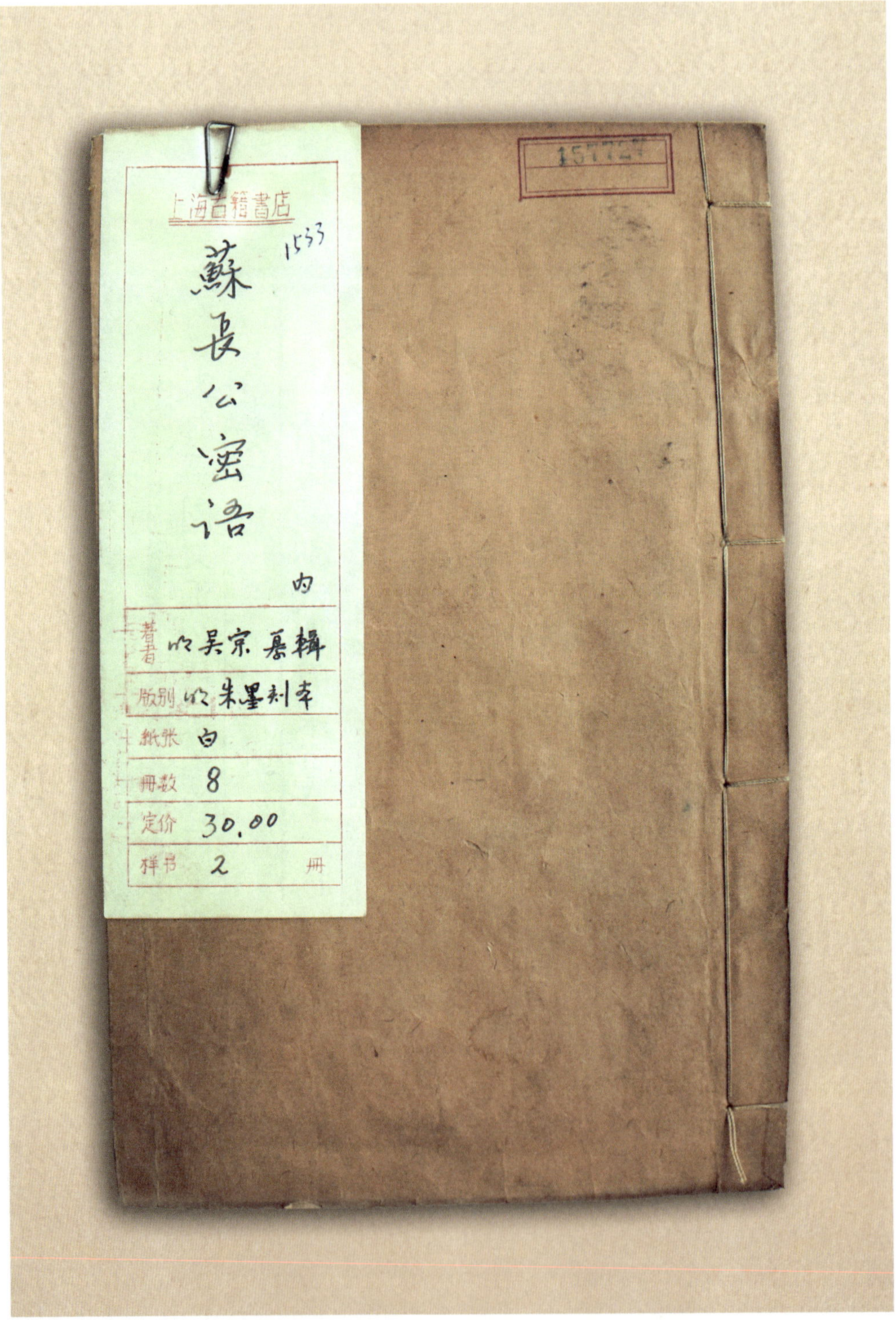

圖三十八　明朱墨二色套印本《蘇長公密語（東坡密語）十六卷》

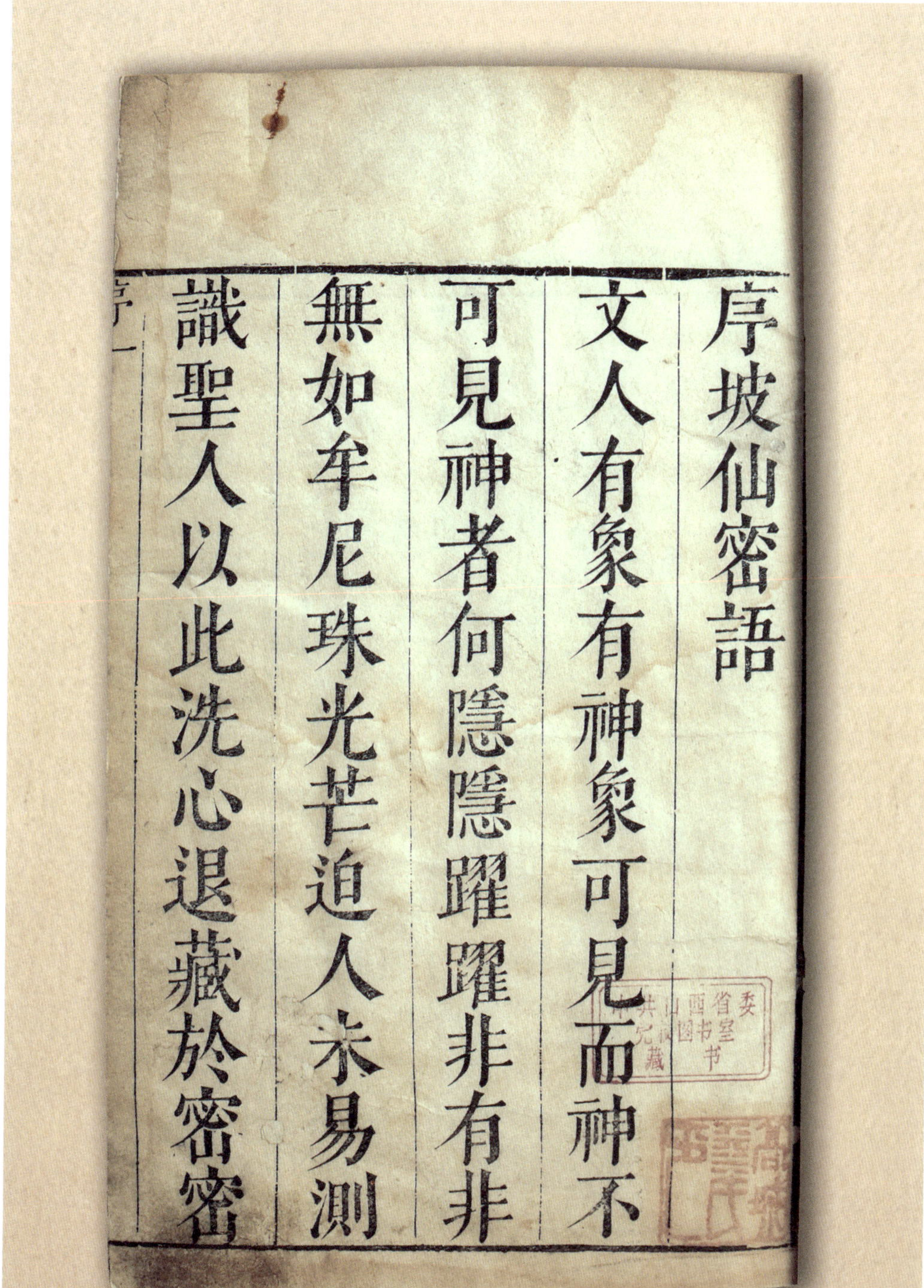
序坡仙密語
文人有象有神象可見而神不
可見神者何隱隱躍躍非有非
無如牟尼珠光芒迫人未易測
識聖人以此洗心退藏於密密
序一

圖三十九　明朱墨二色套印本《蘇長公密語（東坡密語）十六卷》序

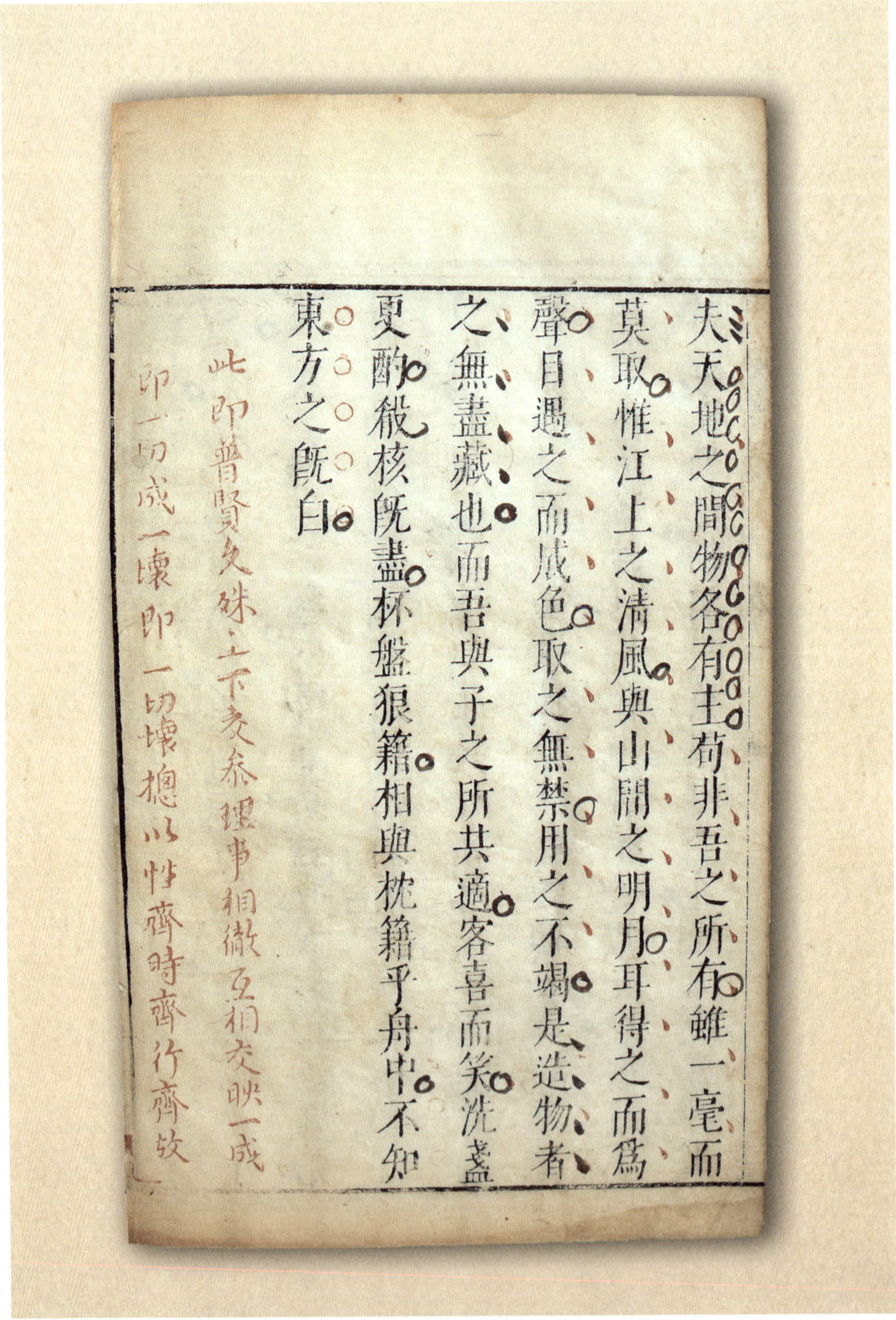

夫天地之間物各有主苟非吾之所有雖一毫而莫取惟江上之清風與山間之明月耳得之而爲聲目遇之而成色取之無禁用之不竭是造物者之無盡藏也而吾與子之所共適客喜而笑洗盞更酌殽核既盡杯盤狼籍相與枕籍乎舟中不知東方之既白

此即普賢文殊上下交參理事相徹互相交映一成即一切成一壞即一切壞總以性齊時齊行齊故

圖四十　明朱墨二色套印本《蘇長公密語（東坡密語）十六卷》内頁

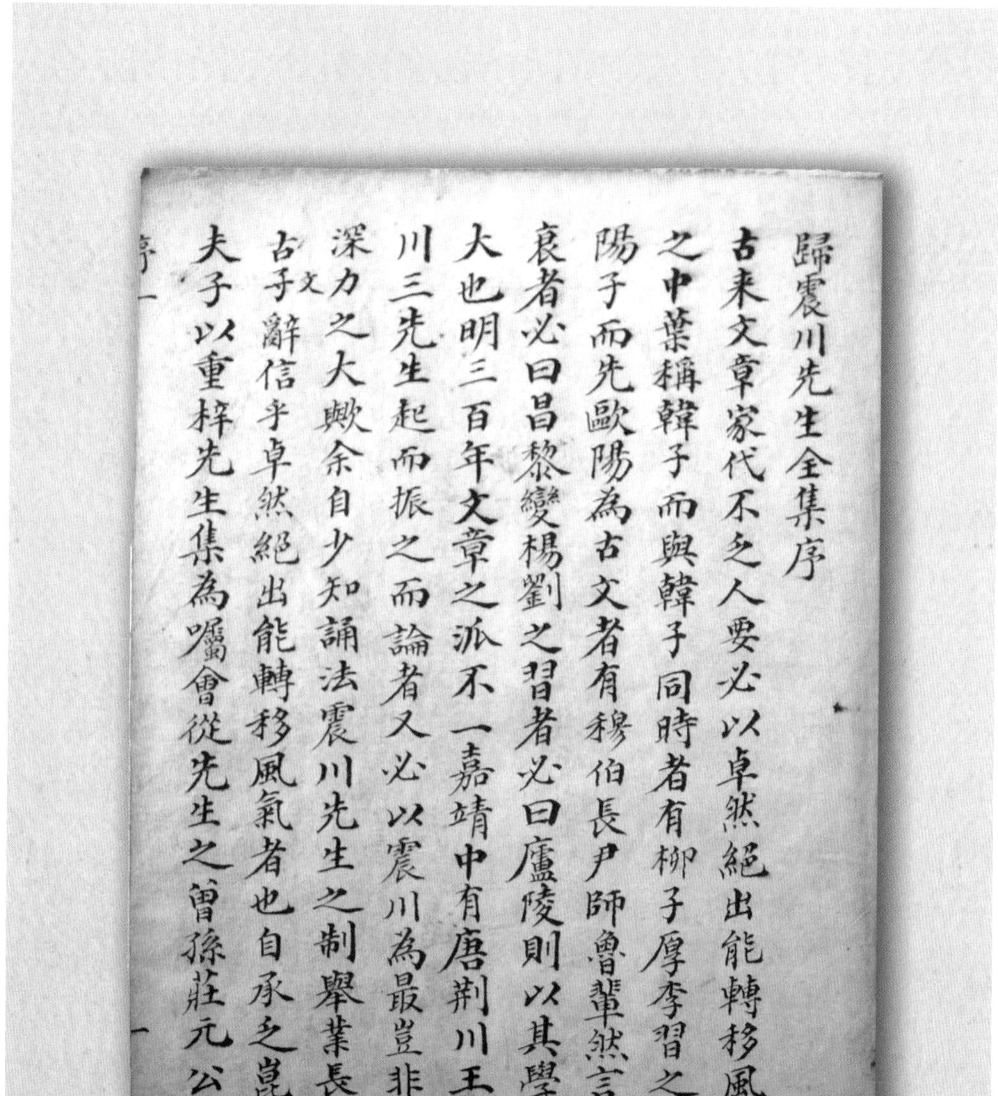

歸震川先生全集序

古來文章家代不乏人要必以卓然絕出能轉移風氣為上唐之中葉稱韓子而與韓子同時者有柳子厚李習之宋時稱歐陽子而先歐陽為古文者有穆伯長尹師魯輩然言起八代之衰者必曰昌黎變楊劉之習者必曰廬陵則以其學之深力之大也明三百年文章之派不一嘉靖中有唐荊川王遵岩歸震川三先生起而振之而論者又必以震川為最豈非以其學之深力之大歟余自少知誦法震川先生之制舉業長而得讀其古文辭信乎卓然絕出能轉移風氣者也自承乏崑山敬哉王夫子以重梓先生集為囑會從先生之曾孫莊元公氏得其未

序一

圖四十一　清康熙十四年（1675）刻本《震川先生全集三十卷》序

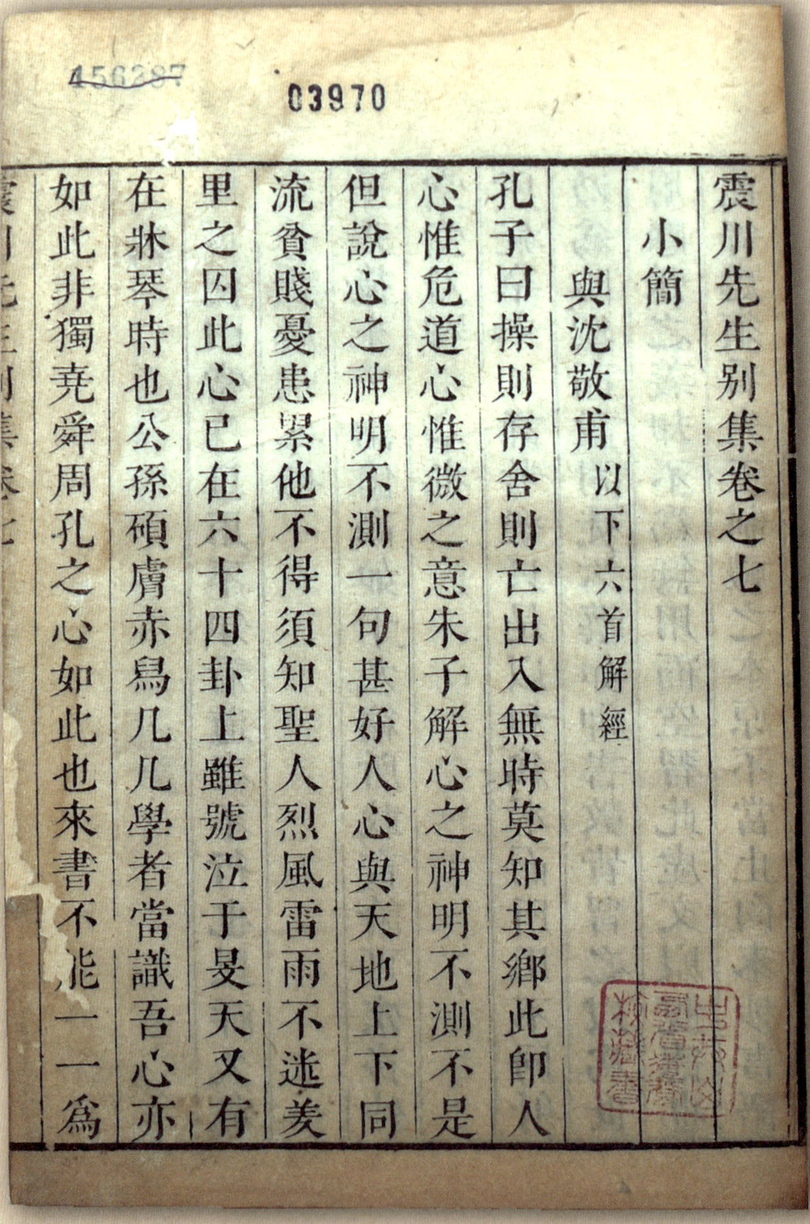

震川先生別集卷之七
小簡
與沈敬甫 以下六首解經
孔子曰操則存舍則亡出入無時莫知其鄉此即人心惟危道心惟微之意朱子解心之神明不測不是但說心之神明不測一句甚好人心與天地上下同流貧賤憂患累他不得須知聖人烈風雷雨不迷羑里之囚此心已在六十四卦上雖號泣于旻天又有在牀琴時也公孫碩膚赤舄几几學者當識吾心亦如此非獨堯舜周孔之心如此也來書不能一一為

圖四十二　清康熙十四年（1675）刻本《震川先生全集三十卷》卷七

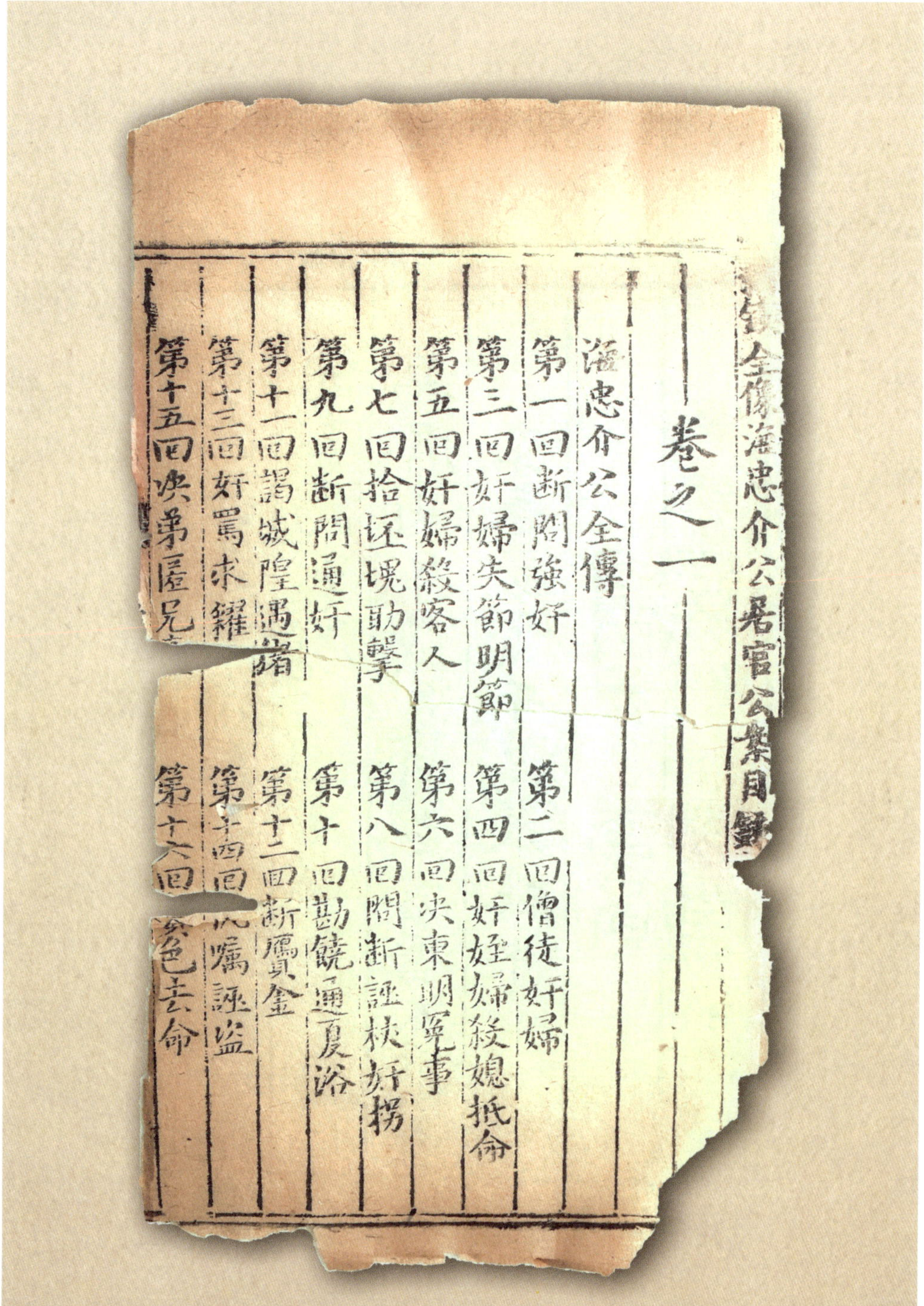

圖四十三　明萬曆三十四年（1606）刻本《新鍥全像海忠介公居官公案》殘頁

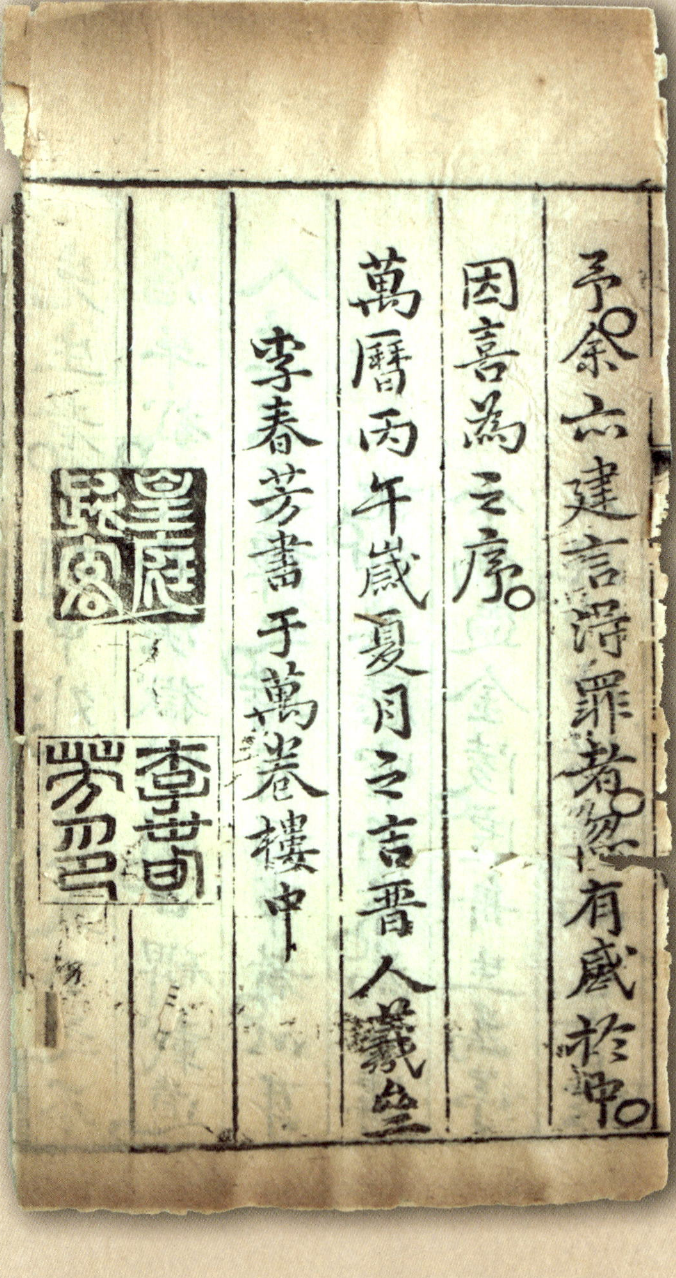

予。余亦建言得罪者。忽有感於中。
因喜為之序。
萬曆丙午歲夏月之吉晉人羲齋
李春芳書于萬卷樓中

圖四十四　明萬曆三十四年（1606）刻本《新鍥全像海忠介公居官公案》殘頁

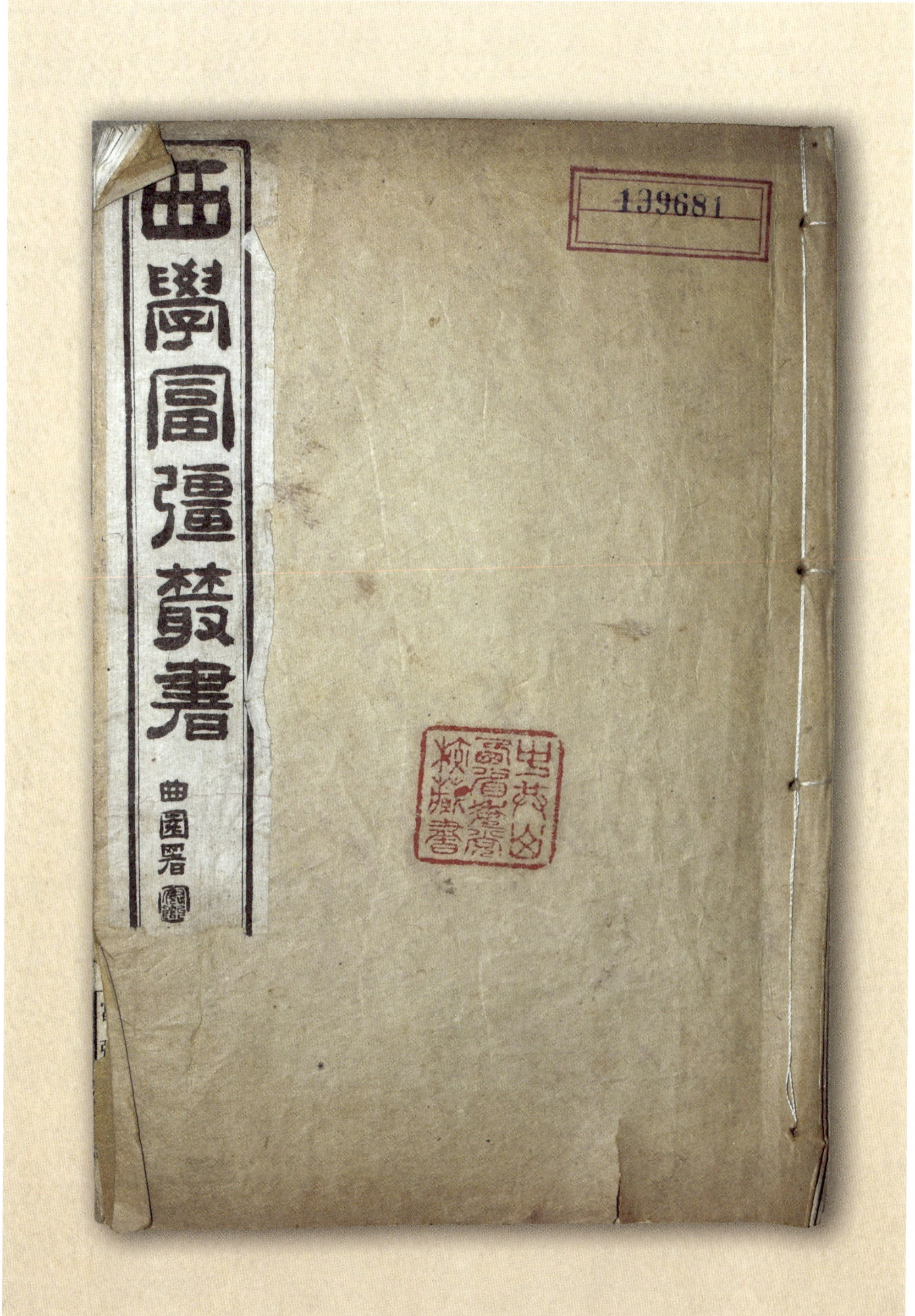

圖四十五　清光緒二十三年（1897）寶善齋石印本《西學富強叢書》

圖四十六　清光緒、宣統間南陵徐氏刻本《懷豳雜俎十二種十七卷》

序

中共山西省委黨校、山西行政學院是在中共山西省委、山西省人民政府直接領導下，培養黨員領導幹部和理論幹部的學校，是培訓我省高、中級國家公務員的新型學府和培養高層次行政管理及政策研究人才的重要基地。是黨委、政府的重要部門，是黨的哲學社會科學研究機構和智庫。黨校、行政學院圖書館應當緊緊圍繞黨校、行政學院教學、科研和咨詢“三位一体”職能，爲提高教學质量、科研水平和資政能力服務。

黨校、行政學院圖書館始建於1949年9月，68年來，伴隨着祖國發展和時代變遷的步伐，館藏文獻不斷豐富和完善，中外文圖書總藏量達7000餘種，30萬餘冊。在館藏圖書中，有一定數量的綫裝古籍，其中有些非常珍貴的版本，如明成化刻本《司馬太師温國文正公傳家集八十卷》、明萬曆二色套印本《蘇老泉批點孟子二卷》，裝幀精美，品相完好。反映廉政歷史文化的《新鍥全像海忠介公居官公案》一書內容詳實，淺顯易懂，反映了海瑞不畏強權、专注民生、實事求是的辦案風格。據考，此書在國内圖書館館藏中較爲罕見，是古籍資源中不可多得的好書，受到古籍專家的好評。爲了使深藏在古籍库裏的文字鮮活起來，讓更多的讀者瞭解館藏古籍並從古籍圖書中获取知識，出版这本古籍目録有重要的意義。

爲了古爲今用，促進我國優秀傳統文化和現代社會的深度融合，提高文化自信，爲了讓更多的幹部和學者進一步了解我校圖書館館藏古籍的內容，並從中获取有益於個人修養和社會治理的知識，我們編輯出版這本古籍目録，供幹部學员和學者们參考。

中共山西省委黨校常務副校长、山西行政學院常務副院长

王聯輝

2017 年 4 月

凡　例

1. 本書著録山西省委黨校圖書館收藏的部分綫裝古籍，均爲民國以前的版本，共計 739 種。

2. 本書按照經、史、子、集、叢五部分類，類下參照館藏分類號順序進行編排。

3. 本書選配了 46 幅古籍圖片，所選圖片均爲館藏之珍善本。

4. 每書著録索書號、分類號、書名、著者、版本、册數和存卷。分類號由類號與順序號組成，同一書的不同版本及注釋本在順序號後加小數點和阿拉伯數字。

5. 書名依原書正文首卷卷端所題著録，書名前遇有“欽定”“批點”等均照録。

6. 著者均加朝代（今人不加）。凡生際兩代者，以卒年著録。

7. 書後附《書名索引》，按音序編排，以便讀者。

目　録

21047-21054　J1.009 1064-1
澤存堂五種　（清）張士俊輯　清光緒十四年（1888）上海蜚英館石印本　八冊

20306-20317　J1.009 4081
皮氏經學叢書八種二十三卷　（清）皮錫瑞撰　清光緒三十四年（1908）思賢書局刻本　十二冊

09034-09047　J1.10 2022
焦氏易學書三十五卷易通釋二十卷易廣記三卷　（清）焦循撰　清道光六年（1826）半九書塾刻焦氏叢書本　十四冊

08815-08829　J1.10 3191
易經詮義十五卷首一卷　（清）汪烜撰　清同治十二年（1873）西江曲水書局木活字印本　十五冊

05193-05204　J1.10 4023
李氏易傳十七卷附周易音義一卷　（清）李鼎祚集解　**鄭司農集一卷**　（漢）鄭玄撰　**周易乾鑿度二卷鄭氏周易三卷**　（漢）鄭玄撰　**封氏聞見記十卷**　（唐）封演撰　**匡謬正俗八卷**　（唐）顏師古撰　清乾隆二十一年（1756）德州盧氏雅雨堂刻雅雨堂叢書本　十二冊

09391　J1.10 4485
讀易入門便鈔　（清）樊錫貴輯鈔　**儀禮選要**　（清）孔傳性輯鈔　清道光十年（1830）據定襄樊錫貴先生原本、孔傳性先生原本陽邑近思堂刻本　一冊

19523-19530　J1.10 6424
易守三十二卷　（清）葉佩蓀撰　清嘉慶十五年（1810）慎餘齋刻本　八冊

09138-09139　J1.20 2375
尚書二十八篇　（清）吳汝綸注　清光緒十三年（1887）都門印書局鉛印本　二冊

19480-19483　J1.30 2540
詩經八卷　（宋）朱熹編　清道光十六年（1836）楊郡二郎廟惜字局刻本　四冊

03738-03757　J1.403 7434
禮記集說大全三十卷　（明）胡廣等輯　明初翻刻本　二十冊

18166-18169　J1.50 4428
春秋繁露十七卷　（漢）董仲舒撰　（清）凌曙注　清嘉慶二十年（1815）蜚雲閣刻本　四冊

07291-07301　J1.501 4243

春秋左傳杜注三十卷首一卷　（清）姚培謙撰　清道光七年（1827）洪都潄經堂刻本　十一冊

16997-16998　J1.503 4430

春秋穀梁傳十二卷　（清）范甯集解　清同治七年（1868）金陵書局印行本　二冊

03824-03827　J1.702 1741

蘇老泉批點孟子二卷　（戰國）孟軻撰　（宋）蘇洵批　明萬曆四十五年（1617）朱墨二色套印本　四冊

35615-35674　J1.703 4022

大學衍義四十三卷　（宋）真德秀撰　**大學衍義補一百六十卷**　（明）丘濬輯　清道光十七年（1837）芸香堂刻本　六十冊

17086-17117　J1.80 1023

皇清經解續編二百九卷　王先謙編　清光緒十五年（1889）上海蜚英石印本　三十二冊

06577-06936　J1.80 2113

皇清經解一千四百八卷　（清）阮元輯　清咸豐十年（1860）廣東學海堂補刻本　三百六十冊

17062-17085　J1.80 2113

皇清經解一百九十卷　（清）點石齋主人整理　清光緒十四年（1888）滬上石印本　二十四冊

08850-08857　J1.80 2512

十三經劄記二十二卷附羣書劄記十六卷　（清）朱亦棟撰　清光緒四年（1878）武林竹簡齋刻本　八冊

18237-18246　J1.80 4087

鄭氏佚書二十二卷鄭君紀年一卷　（清）袁均輯　清光緒十四年（1888）浙江書局刻本　十冊

09450-09455　J1.90 3436

小學考五十卷　（清）謝啟昆編　清光緒十五年（1889）石印本　六冊

16867　J1.901 0080

說文經典異字釋不分卷　（清）高翔麟撰　清光緒九年（1883）吳青霞齋局刻本　一冊

10905　J1.901 6051

殷商貞卜文字考一卷　羅振玉撰　清宣統二年（1910）玉簡齋印本　一冊

05093-05094　J1.902 0704

說文經字考辨證四卷　（清）郭慶藩撰　（清）陳壽祺辨證　清光緒二十一年（1895）湘陰郭氏岵瞻堂刻本　二冊

09152-09153　J1.902 0754

漢簡三卷目錄一卷　（宋）郭忠恕撰　清光緒十六年（1890）寧波蔣瑞堂刻本　二冊

05091-05092　J1.902 1222

說文楬原二卷　（清）張行孚撰　清光緒十一年（1885）常熟鮑氏刻本　二冊

11586　J1.902 2597

文字存真六種六十二卷附四種三十四卷　（清）饒炯撰　清光緒三十年（1904）達古軒刻本　四冊

05090　J1.902 2824

六書說一卷　（清）徐沼楨撰　清光緒三十三年（1907）石印本　一冊

04535-04565　J1.902 2831

說文解字注箋十四卷　（清）段玉裁撰　（清）徐灝箋　清光緒二十年（1894）刻本　三十一冊

05096-05103　J1.902 2882

說文解字繫傳四十卷附校勘記三卷　（五代）徐鍇傳釋　清道光十九年（1839）祁氏刻本　八冊

07590-07597　J1.902 2882

說文解字繫傳四十卷　（五代）徐鍇傳釋　清光緒九年（1883）江蘇書局刻本　八冊

16951-16958　J1.902 3432

隸釋二十七卷隸續二十一卷汪氏隸釋刊誤一卷　（宋）洪适編　清同治十一年（1872）皖南洪氏晦木齋摹刻本　八冊

04477-04474　J1.902 3435

說文古本考十四卷　（清）沈濤撰　清光緒十年（1884）吳縣潘氏滂喜齋刻本　八冊

04529-04534　J1.902 3894

說文解字十五卷　（漢）許慎撰　清光緒九年（1883）淮南書局重刻本　六冊

07598-07603　J1.902 3894

說文解字三十卷　（漢）許慎撰　（宋）徐鉉校　清光緒七年（1881）淮南書局刻本　六冊

08844-08849　J1.902 3894-2

許氏說文十五卷附說文通檢十五卷　（漢）許慎撰　清光緒十四年（1888）刻本　六冊

09749-09760　J1.902 4014

清文彙書十二卷　（清）李延基編　清光緒京都隆福寺三槐堂書坊刻本　十二冊

08866-8867　J1.902 4041

說文逸字辯證二卷　（清）鄭珍原本　（清）李楨辨證　清光緒十一年（1885）李楨畹蘭室刻本　二冊

05309-05312　J1.902 4409

說文自辯十四卷　（清）林炳輯　清同治四年（1865）刻本　四冊

05313-05344　J1.902 4428

說文解字義證五十卷　（清）桂馥撰　清同治九年（1870）湖北崇文書局書本　三十二冊

19844-19849　J1.902 4437-1

許學四書二十卷　（清）董詔等注　清道光二年（1822）羊城竹香齋刻本　六冊

05104-05109　J1.902 4480

苗氏說文四種　（清）苗夔撰　清咸豐元年（1851）漢磚亭刻本　六冊

05089　J1.902 4720

說文字原韻表二卷　（清）胡重撰　清嘉慶十六年（1811）秀水金氏月香書屋刻本　一冊

05086　J1.902 4721

說文管見三卷　（清）胡秉虔撰　清光緒七年（1881）望益山房刻本　一冊

05110-05113　J1.902 6080

六書類纂八卷　（清）吳錦章撰　清光緒二十年（1894）興山吳氏崇雅精舍刻本　四冊

08868　J1.902 7104

說文辨疑一卷　（清）顧廣圻撰　清光緒三年（1877）崇文書局刻本　一冊

05087-05088　J1.902 7714：1

說文解字雙聲疊韻譜不分卷　（清）鄧廷楨撰　清道光十九年（1839）番禺林氏

刻本　二册

04513-04528　J1.902 7714：2

說文解字注三十卷　（清）段玉裁撰　清光緒三年（1877）成都尊經書院刻本　十六册

10114　J1.902 8718

說文逸字二卷附錄一卷　（清）鄭珍記　清光緒十年（1884）山東福山王氏刻本　一册

19460-19465　J1.903 3040

六書韻徵十六卷　（清）安吉纂輯　清道光十七年（1837）校刻本　六册

05095　J1.942 7721

六書正譌五卷　（元）周伯琦編注　（明）胡正言訂纂　明崇禎十竹齋刻本　一册

10350-10357　S2.051 1713

欽定史記一百三十卷　（漢）司馬遷撰　清光緒二十五年（1899）慎記書莊石印本　八册

10600-10659　S2.051 8740

鄭氏通志二百卷　（宋）鄭樵撰　清光緒二十七年（1901）上海圖書集成局遵武英殿聚珍版校印本　六十册

10702-10713　S2.052 1160

欽定前漢書一百二十卷　（漢）班固撰　（唐）顔師古注　清光緒二十五年（1899）慎記書莊石印本　十二册

10176-10287　S2.052 1211

明史三百三十二卷　（清）張廷玉等纂修　清光緒十年（1884）上海同文書局石印本　一百十二册

11972-11979　S2.052 1465：21

遼史一百十六卷　（元）脱脱等修　清光緒十年（1884）上海同文書局石印本　八册

11664-11671　S2.052 1465-1

周書五十卷　（唐）令狐德棻撰　清光緒十年（1884）上海同文書局石印本　八册

11838-11861　S2.052 1465-10

舊五代史一百五十卷目錄二卷　（宋）薛居正等撰　清光緒十年（1884）上海同文書局石印本　二十四册

11632-11655　S2.052 1465-11

魏書一百十四卷　（齊）魏收撰　清光緒十年（1884）上海同文書局石印本　二十四册

11696-11715　S2.052 1465-12

南史八十卷　（唐）李延壽撰　清光緒十年（1884）上海同文書局石印本　二十册

11556-11585　S2.052 1465-13

晉書一百三十卷　（唐）房玄齡等撰　清光緒十年（1884）上海同文書局石印本　三十册

11862-11871　S2.052 1465-14

五代史七十四卷　（宋）歐陽修撰　清光緒十年（1884）上海同文書局石印本　十册

11740-11787　S2.052 1465-15

舊唐書二百卷　（後晉）劉昫等撰　清光緒十年（1884）上海同文書局石印本　四十八册

11788-11837　S2.052 1465-16

唐書二百二十五卷　（宋）歐陽修等撰　清光緒十年（1884）上海同文書局石印本五十册

11496-11527　S2.052 1465-17

前漢書一百二十卷　（漢）班固撰　（唐）顔師古注　清光緒十年（1884）上海同文書局石印本　三十二册

11528-11555　S2.052 1465-18

後漢書一百二十卷　（南朝宋）范曄撰　（唐）李賢注　清光緒十年（1884）上海同文書局石印本　二十八册

11872-11971　S2.052 1465-19

宋史四百九十六卷　（元）脱脱等撰　清光緒十年（1884）上海同文書局石印本　一百册

11656-11663　S2.052 1465-2

北齊書五十卷　（唐）李百藥撰　清光緒十年（1884）上海同文書局石印本　八册

11716-11793　S2.052 1465-20

北史一百卷　（唐）李延壽撰　清光緒十年（1884）上海同文書局石印本　二十四册

11626-11631　S2.052 1465-3
陳書三十六卷　（唐）姚思廉撰　清光緒十年（1884）上海同文書局石印本　六册

11980-12003　S2.052 1465-4
金史一百三十五卷　（元）脱脱等修　清光緒十年（1884）上海同文書局石印本　二十四册

12004-12054　S2.052 1465-5
元史二百十卷　（明）宋濂等修　清光緒十年（1884）上海同文書局石印本　五十一册

11618-11625　S2.052 1465-6
梁書五十六卷　（唐）姚思廉撰　清光緒十年（1884）上海同文書局石印本　八册

11672-11695　S2.052 1465-7
隋書八十五卷　（唐）魏徵等撰　清光緒十年（1884）上海同文書局石印本　二十四册

11586-11609　S2.052 1465-8
宋書一百卷　（南朝梁）沈約撰　清光緒十年（1884）上海同文書局石印本　二十四册

11610-11617　S2.052 1465-9
南齊書五十九卷　（元）蕭子顯撰　清光緒十年（1884）上海同文書局石印本　八册

10408-10419　S2.052 2314
皇朝通志一百二十六卷　（清）嵇璜等纂　清光緒二十七年（1901）上海圖書集成局遵武英殿聚珍版校印本　十二册

10492-10551　S2.052 2767
欽定續通志六百四十卷　（清）紀昀等纂　清光緒二十七年（1901）上海圖書集成局遵武英殿聚珍版校印本　六十册

10342-10349　S2.052 4464
欽定後漢書一百二十卷　（南朝宋）范曄撰　（唐）李賢注　清光緒二十五年（1899）慎記書莊石印本　八册

09406-09415　S2.052 7730
晉略六十六卷　（清）周濟撰　清光緒二年（1876）荊溪周氏味雋齋刻本　十册

05621-05720　S2.053 1032

明史稿三百十卷　（清）王鴻緒撰　清雍正元年至四年（1723-1726）敬慎堂刻本　一百冊

19839　S2.101 0246：2

資治通鑑外紀十卷　（宋）劉恕編集　（清）胡克家補注　清光緒十六年（1890）上海積山書院石印本　一冊

05003-05028　S2.101 1021

資治通鑑補二百九十四卷　（宋）司馬光撰　（明）胡三省音注　（明）嚴衍補　清光緒二年（1876）盛氏思補樓木活字印本　八十冊

07126-07155　S2.101 1719

資治通鑑二百九十四卷附釋文辨誤十二卷　（宋）司馬光撰　（元）胡三省注　清嘉慶二十一年（1816）胡克家覆元興文署刻同治江蘇書局補刻本　三十冊

10046-10085　S2.101 2391

御批歷代通鑑輯覽一百二十卷　（清）傅恒等撰　清光緒三十年（1904）上海商務印書館仿殿校印本　四十冊

18697-18737　S2.101 6024

尺木堂綱鑒易知錄九十二卷　（清）吳乘權輯　清道光二年（1822）碧梧齋刻本　四十二冊　缺一冊（五）

07156-07177　S2.102 2231

續資治通鑑二百二十卷　（清）畢沅撰　清光緒二十八年（1902）上海積山書局石印本　二十二冊

19607-19610　S2.102 4432

范太史唐鑑二十四卷（東萊先生音注唐鑑）　（宋）范祖禹撰　清光緒十六年（1890）柏經正堂刻本　四冊

19841-19843　S2.102 4861

清史攬要六卷　（日本）增田貢撰　清光緒二十八年（1902）日本和知氏第三版增訂本　三冊

10086-10141　S2.15 0044

歷朝紀事本末九種六百五十八卷　（清）高士奇等撰　清光緒二十五年（1899）慎記書莊石印本　五十六冊

07640　S2.15 1044

咸豐象山粵氛紀實　（清）王蒔蕙撰　清抄本　一冊

07635-07638　S2.15 1770

征剿記略四卷　（清）尹嘉賓撰　清光緒二十六年（1900）抄本　四冊

05849-05888　S2.15 2844

三朝北盟會編二百五十卷校勘記二卷補遺一卷　（宋）徐夢莘撰　清光緒四年（1878）鉛印本　四十冊

07631-07632　S2.15 4044

粵匪始末記略二卷　（清）杏花樵子輯　清同治三年（1864）抄本　二冊

19531-19540　S2.15 4403

平定粵匪紀略十八卷附記四卷　（清）杜文瀾撰　清同治九年（1870）刻本　十冊

07564-07573　S2.15 4403

平定粵匪紀略十八卷附記四卷　（清）杜文瀾撰　清同治十年（1871）京都聚珍齋刻本　十冊

07641　S2.15 4624

守蒙紀略　（清）賀緒蕃撰　清同治三年（1864）刻本　一冊

07633-07634　S2.15 7408：1

鎮江剿平粵匪記二卷　（清）陳慶年撰　清抄本　二冊

07639　S2.15 7408：2

刀光英艦破鎮江記　（清）陳慶年撰　清光緒二十三年（1897）抄本　一冊

16773-16778　S2.20 4460

庚子教會華人流血史不分卷　也愚輯　清宣統三年（1911）寫本　六冊

19772-19773　S2.20 4478

牡丹史四卷　（明）薛鳳翔撰　清初刻本　二冊

10862-10881　S2.20 2717：1

明季稗史彙編十六種　（清）留雲居士輯　清光緒十三年（1887）都城琉璃廠刻本　二十冊

10030-10045　S2.20 2717：1

明季稗史彙編十六種　（清）留雲居士輯　清光緒十三年（1887）都城琉璃廠刻本　十六冊

09357-09380　S2.20 2717：1

明季稗史彙編十六種二十七卷　（清）留雲居士輯　清光緒都城琉璃廠刻本　二十四冊

19768-19769　S2.20 3145

逆黨禍蜀記不分卷　（清）汪堃撰　清同治五年（1866）抄本　二册

08873-8876　S2.20 4006

元朝秘史注十五卷　（清）李文田注　清光緒二十二年（1896）通隱堂刻本　四册

19963　S2.20 4117

譯史補六卷　柯劭忞撰　清宣統元年（1909）國立北京大學研究院文史部刻本　一册

07629-07630　S2.20 4794

南詔野史二卷　（明）楊慎輯　清光緒六年（1880）雲南圖書館刻本　二册

09460-09490　S2.20 7217

痛史不分卷　（清）樂天居士輯　清宣統三年至民國三年（1911-1914）商務印書館鉛印本　三十一册

14511-14534　S2.250 2741

續碑傳集八十六集　繆荃孫纂録　清宣統二年（1910）刻本　二十四册

20322-20329　S2.250 3145

汪訂頑先生史外八卷　（清）汪有典撰　清同治三年（1864）盧林尋樂山房刻本　八册

05116-05120　S2.250 0020

碧血録五卷　（清）莊仲方撰　清光緒八年（1882）上海同文書局石印本　五册

18360-18371　S2.250 2540

宋名臣言行錄十卷　（宋）佚名輯　清道光二十二年（1842）包氏重修本　十二册

04598-04900　S2.250 4091

國朝耆獻類徵初編七百二十卷總目二十卷賢媛類徵初編十二卷　（清）李桓輯　清光緒十年至十六年（1884-1890）李氏刻本　三百三册

04574-04597　S2.250 5520

高僧傳初集十五卷　（南朝梁）釋慧皎撰　**高僧傳二集四十卷**　（唐）釋道宣撰　**高僧傳三集三十卷**　（宋）釋贊甯撰　**高僧傳四集六卷**　（明）釋如惺撰　清光緒十八年（1892）江北刻經處刻本　九十六册

07729-07752　S2.250 8030

宋元學案一百卷　（清）黄宗羲原纂　（清）全祖望修補　清道光二十六年

（1846）何氏刻本　二十四册

09348-09351　S2.252 1040

朱子［熹］年譜四卷考異四卷附錄二卷　（清）王懋竑纂訂　清光緒九年（1883）武昌書局刻本　四册

09352　S2.252 4332

黃子［道周］年譜一卷　（清）洪思編　清同治十年（1871）漳南多藝齋刻本　一册

19253　S2.2533028

竹汀日記一卷農丹一卷強書一卷　（清）宮詹公等撰　清光緒二十七年（1901）刻本　一册

09142-09147　S2.254 1267

重纂三遷志十卷　（清）孟廣均原纂　（清）陳錦　（清）孫葆田重纂　清光緒十三年（1887）山東書局刻本　六册

08879　S2.259 2123

皇元聖武親征錄一卷　（清）何秋濤校　清光緒二十年（1894）小漚巢刻本　一册

16905-08　S2.40 1233

歷代史論四卷　（明）張溥撰　清光緒五年（1879）敏德堂刻本　四册

19740-19744　S2.40 0093

文史通義八卷校讎通義三卷（章氏遺書）　（清）章學誠撰　清道光十三年（1833）刻本　五册

07093-07100　S2.40 1092

于文定公讀史漫錄二十卷　（明）于慎行撰　（清）黃恩同參訂　清道光二十六年（1846）存素齋刻本　八册

16843-16844　S2.40 4437

讀史論略二卷　（清）杜詔撰　清光緒二十八年（1902）大學堂刻本　二册

19704-19711　S2.50 3444

沈文肅公政書七卷　（清）沈葆楨撰　清光緒六年（1880）吳門節署印本　八册

07699-07728　S2.50 3753

三通考輯要三種七十六卷　湯壽潛輯　清光緒二十五年（1899）圖書集成局鉛印本　三十册

17030-17039　S2.50 4028

合肥李勤恪公政書十卷　（清）李經畬等編　清光緒二十六年（1900）刻本　十册

05121-05130　S2.50 4443

樊山政書二十卷　樊增祥撰　清宣統二年（1910）金陵湯氏聚珍書局鉛印本　十册

07178-07224　S2.50 7462

分類時務通纂三百卷　（清）陳昌紳撰　清光緒二十八年（1902）上海文瀾書局石印本　四十七册

10432-10475　S2.501 1702

馬氏文獻通考三百四十八卷　（元）馬端林撰　清光緒二十七年（1901）上海圖書集成局遵武英殿聚珍版校印本　四十四册

10396-10407　S2.501 2314：1

皇朝通典一百卷　（清）嵇璜等纂　清光緒二十七年（1901）上海圖書集成局遵武英殿聚珍版校印本　十二册

10552-10599　S2.501 2314：3

皇朝通考三百卷　（清）嵇璜等纂　清光緒二十七年（1901）上海圖書集成局遵武英殿聚珍版校印本　四十八册

08928-08973　S2.501 2846

東三省政略十二卷　徐世昌撰　清宣統三年（1911）鉛印本　四十八册

10660-10695　S2.501 4424

欽定續文獻通考二百五十卷　（清）嵇璜等纂　清光緒二十七年（1901）上海圖書集成局遵武英殿聚珍版校印本　三十六册

10420-10431　S2.501 4424

欽定文獻通考三百四十八卷　（清）紀昀等纂　清光緒二十七年（1901）上海圖書集成局遵武英殿聚珍版校印本　十二册

10476-10491　S2.501 4424

杜氏通典二百卷　（唐）杜佑纂　清光緒二十七年（1901）上海圖書集成局遵武英殿聚珍版校印本　十六册

08109-08400　S2.501 4424

欽定九通　（清）佚名輯　清光緒二十七年（1901）上海圖書集成書局鉛印本二百九十二册

12168-12551　S2.501 6077

欽定大清會典事例一千二百二十卷　（清）昆岡等撰　清光緒二十五年（1899）刻本　三百八十四冊

12091-12167　S2.501 6077

欽定大清會典圖二百七十卷　（清）昆岡等撰　清光緒二十五年（1899）刻本　七十七冊

12055-12090　S2.501 6077：1

欽定大清會典圖一百卷　（清）昆岡等撰　清光緒二十五年（1899）刻本　三十六冊

08974-09005　S2.501 6207

晉政輯要四十卷　（清）剛毅等輯　清光緒十四年（1888）刻本　三十二冊

05165-05172　S2.504 4434

河東鹽法備覽十二卷　（清）蔣兆奎撰　清乾隆五十五年（1790）刻本　八冊

05213-05220　S2.504 4762

籌濟編三十二卷首一卷　（清）楊景仁撰　清光緒四年（1878）詒硯齋刻本　八冊

16772　S2.506 3415

常勝軍案略不分卷　（清）謝元壽撰　清光緒二十一年（1895）黄錫文手抄本　一冊

19549-19550　S2.506 3744

校邠廬抗議二卷　（清）馮桂芬撰　清光緒十八年（1892）敏德堂校刻本　二冊

19920-19929　S2.506 4741

讀史兵略續編十卷　（清）胡林翼纂　清光緒二十八年（1902）湘省學堂刻本　十冊

10946-10948　S2.506 7741

愛日軒稿本　（清）周葆元稿　清刻本　三冊

09547　S2.5063 6062

羅景山臺灣海防並開山日記不分卷　（清）羅大春撰　民国石印本　一冊

10714-10733　S2.508 0027

大清光緒新法令十三類　商務印書館編譯所輯　清宣統元年（1909）商務印書館刻本　二十冊

009961-09967　S2.508 2527-1

欽定吏部銓選則例五卷品級考四卷　（清）錫珍等撰　清刻本　七冊

09968-09971　S2.508 2527-3

欽定吏部稽勳司則例八卷　（清）傅恒等撰　清刻本　四冊

09972-09977　S2.508 2527-4

欽定吏部驗封司則例六卷　（清）佚名輯　清刻本　六冊

09994-10013　S2.508 2527-5

欽定吏部處分則例五十二卷　（清）佚名輯　清刻本　二十冊

09387-09390　S2.508 3406

重修名法指掌圖四卷　（清）沈辛田輯　清道光十年（1830）山西文書局刻本　四冊

09982-09987　S2.508 4438-1

律例便覽八卷處分則例圖要六卷　（清）蔡逢年撰　清同治八年（1869）琉璃廠東門路南斌升堂增修本　六冊

09988-09991　S2.508 4439

籌餉現行新例不分卷　（清）榮祿堂編　清同治八年（1869）纂祿堂刻本　四冊

09992-09993　S2.601 1213

宣統條約不分卷　張承啟編　清宣統三年（1911）鉛印本　二冊

16926-16927　S2.602 1248

蜀石經不分卷　（清）張古餘編　清道光六年（1826）三山陳氏刻本　一冊

10358-10359　S2.602 4039

左恪靖伯奏稿三十八卷　（清）左宗棠撰　清刻本　三十八冊

15411-15418　S2.75 2123

朔方備乘六十八卷　（清）何秋濤纂輯　清光緒七年（1881）鉛印本　八冊

16579-16618　S2.75 7250

太平寰宇記二百卷　（宋）樂史撰　清嘉慶八年（1803）紅杏山房刻本　四十冊缺一卷（八）

13513-13571　S2.750 2645

大清一統志四百二十四卷　（清）和珅等纂　清光緒二十三年（1897）杭州竹簡齋石印本　五十九冊

15419-15430　S2.750 3404

大清一統志輯要五十卷　（清）洪亮吉撰　清光緒二十八年（1902）山左輿圖局鉛印本　十二册

15788--15803　S2.750 3404

乾隆府廳州縣圖志五十卷　（清）洪亮吉撰　清光緒二十三年（1897）新化三味書室據授經堂原本校刻　十六册

16512-16513　S2.751 1267

山西疆域圖一卷府州廳縣圖二卷沿革譜二卷　（清）張煦監修　清刻本　二册

15257-15262　S2.751 1292

［同治］栾城縣志十六卷　（清）張惇輯　清同治十二年（1873）重修本　六册

14784　S2.751 2704

［民國］廣生縣志稿不分卷　錢文選修　清光緒元年（1875）新修本　一册

12615-12620　S2.751 3024（浙）

［光緒］分水縣志十卷　（清）啟續監修　（清）陳常鏵　馮圻主修　清光緒三十二年（1906）重修本　六册

15047-15071　S2.751 3444

［光緒］重修安徽通志三百五十卷　（清）何紹基等纂　清光绪四年（1878）重修本　二十五册

15003-15046　S2.751 7110

［道光］廣東通志三百三十四卷　（清）阮元修　（清）陳昌齊等纂　清同治三年（1864）重刊本　四十四册

15414-15525　S2.751 7442

［乾隆］吴江縣志五十八卷　（清）陳莫纕等修　清乾隆十二年（1747）刻本　十二册

12649　S2.751 7733

［乾道］臨安志三卷　（宋）周淙撰　清光緒二十年（1894）據清乾隆三十九年（1774）壽松堂刻重印本　一册

14953-15002　S2.751 8064

［光緒］湖南通志二百八十八卷首八卷末十九卷　（清）曾國荃等纂　清光绪十一年（1885）重修本　五十册

19770-19771　S2.751 8348

［康熙］師宗州志二卷續編一卷　（清）管棆纂　清抄本　二册

16205-16206　S2.751 0026

[嘉慶] 荊溪縣志四卷　（清）唐仲冕修　清嘉慶二年（1797）刻本　二冊

12821-12830　S2.751 0031

[光緒] 汾陽縣志十四卷　（清）方家駒等修　清光緒十年（1884）續修本　十冊

16473-16480　S2.751 0036

[光緒] 忻州志二十八卷　（清）方戊昌等修　清光緒六年（1880）重修本　八冊

13763-13764　S2.751 0038

[正德] 武功縣志三卷　（明）康海纂　清同治十三年（1874）湖北崇文書局刻本　二冊

15249-15256　S2.751 0038

[光緒] 蔚州志二十卷　（清）慶之金輯　清光緒三年（1877）刻本　八冊

13946-14015　S2.751 0042

[雍正] 江西通志一百六十二卷　（清）高其倬等修　陶成鶴等纂　清雍正十年（1732）刻本　七十冊

12788-12791　S2.751 0043

[乾隆] 解州全志十八卷　（清）言如泗纂　清乾隆二十九年（1764）刻本　四冊

12734-12741　S2.751 0053

[咸豐] 太谷縣志九卷　（清）章青選修　清咸豐五年（1855）刻本　八冊

15317-15336　S2.751 0225

[同治] 長沙縣志三十六卷　（清）劉采邦等修　清同治十年（1871）續修本　二十冊

15187-15192　S2.751 0761-1

[乾隆] 廣靈縣志十二卷　（清）郭磊等修　清光緒六年（1880）刻本　六冊

15231-15236　S2.751 1002

[道光] 閩都記三十三卷　（清）王應山等修　清道光十一年（1831）求放心齋重修本　六冊

15289-15300　S2.751 1040

[道光] 泰州志三十四卷　（清）王有慶等修　清光緒三十四年（1908）刻本

十二册

12698-12707　S2.751 1043

[光緒] 定海廳志三十卷　（清）陳僑等纂　清光緒十年（1884）刻本　十册

12752-12757　S2.751 1043

[嘉慶] 靈石縣志十二卷　（清）王志瀜等修　清嘉慶二十二年（1817）刻本　六册

13880-13891　S2.751 1044

[嘉慶] 義烏縣志二十二卷　（清）諸自穀等修　清嘉慶七年（1802）重修本　十二册

16339-16344　S2.751 1063

[光緒] 徐溝縣志六卷　（清）王勳祥等修　清光緒七年（1881）重修本　六册

15433-15444　S2.751 1086

[光緒] 常昭合志十二卷　（清）王錦等修　（清）言如泗等纂　清光緒二十四年（1898）活字印本　十二册

16441-16444　S2.751 1087

[雍正] 定襄縣志八卷　（清）王會隆續修　清雍正五年（1727）續修本　四册

16159-16170　S2.751 1202

[光緒] 南匯縣志二十四卷　（清）張文虎等修　清光緒五年（1879）刻本　十二册

13776-13791　S2.751 1219

[光緒] 益都縣圖志五十四卷　（清）孫文楷等纂　清光緒三十三年（1907）刻本十六册

16514-16524　S2.751 1224

[光緒] 盂縣志二十二卷　（清）張嵐奇　（清）劉鴻逵修　清光緒七年（1881）重修本　十一册

12650-12673　S2.751 1231

[光緒] 永嘉縣志三十八卷　（清）張寶琳等修　（清）王棻等纂　清光緒五年至八年（1879-1882）刻本　二十四册

16545-16554　S2.751 1243

全滇紀要不分卷　雲南課史館編輯　清光緒三十一年（1905）排印本　十册

13912-13945　S2.751 1246（浙）
［光緒］觀縣志七十五卷　（清）張恕等修　清光緒三年（1877）刻本　六十四冊

14810-14817　S2.751 1261
［嘉慶］咸寧縣志二十六卷　（清）高廷法修　（清）陸耀等纂　清光緒二年（1876）刻本　八冊

12866-12961　S2.751 1267
［光緒］山西通志一百八十四卷首一卷　（清）曾國荃修　（清）王軒　楊篤纂　清光緒十八年（1892）刻本　九十六冊

13738-13741　S2.751 1294
［乾隆］少林寺志四卷　（清）張學林等修　（清）葉封等纂　清乾隆十三年（1748）刻本　四冊

12766-12771　S2.751 1732
［光緒］壽陽縣志十三卷　（清）馬家鼎等修　（清）張嘉言等纂　清光緒十六年（1890）受書院校補本　六冊

12839-12854　S2.751 1924
［乾隆］汾州府志三十四卷　（清）孫和相等修　清乾隆三十六年（1771）新修本　十六冊

15445-15452　S2.751 2244
［光緒］吴江縣續志四十卷　（清）雄其英等修　清光緒五年（1879）刻本　八冊

12784-12787　S2.751 2288
［光緒］虞鄉縣志十二卷　（清）崔鑄善等修　清光緒六年至十二年（1880-1886）續修本　四冊

13802-13805　S2.751 2314
［光緒］三原新志八卷　（清）焦雲龍修　（清）賀瑞麟纂　清光緒六年（1880）重修本　四冊

13767　S2.751 2342
［光緒］鹿邑縣志十一卷附中星表　（清）于滄瀾等纂　清光緒二十二年（1896）別行本　一冊

14818-14823　S2.751 2704
［光緒］荊州萬堤志十二卷　（清）倪文蔚修　清光緒二年（1876）刻本　六冊

16217-16220　S2.751 2717
[咸豐] 邳州志二十卷　（清）魯一同纂　清咸豐元年（1851）刻本　四冊

14151-14182　S2.751 2788
[嘉慶] 甯國府志三十八卷　（清）魯銓等修　清嘉慶二十年（1815）重修本　三十二冊

12758-12765　S2.751 2862
[嘉慶] 介休縣志十四卷　（清）徐品山　（清）陸元鏸纂　清嘉慶十九年（1814）重修本　八冊

16465-16472　S2.751 2862：2
[嘉慶] 介休縣志十四卷　（清）徐品山　（清）陸元鏸纂　清嘉慶二十四年（1819）刻本　八冊

16009-32　S2.751 3100
[光緒] 昆新兩縣續修合志五十四卷　（清）汪堃纂　清光緒六年（1880）敦善堂刻本　二十四冊

16540-16544　S2.751 3316
[乾隆] 南雄府志十九卷　（清）梁弘勳修　清乾隆十八年（1753）刻本　五冊

15086-15093　S2.751 3422
[同治] 清苑縣志十八卷　（清）諸崇儉編輯　清同治十二年（1873）重修本　八冊

19774-19776　S2.751 3423
[道光] 陸涼州志八卷　（清）沈生遴纂　清道光二十五年（1845）重修本　三冊

14097-14136　S2.751 3436
[乾隆] 南昌府志七十八卷　（清）黃良棟　（清）熊為霖纂　清乾隆五十四年（1789）刻本　四十冊

12674-12697　S2.751 3534
[咸淳] 臨安志一百卷　（宋）潛說友纂　清道光十年（1830）錢塘擄綺堂汪氏仿宋重印本　二十四冊

16455-16464　S2.751 3741
[道光] 陽曲縣志十六卷　（清）閻士驤　（清）鄭起昌纂　清道光二十三年（1843）儒學東齋刻本　十冊

16069-16088　S2.751 3751
[光緒] 武進陽湖縣志三十卷　（清）湯成烈等纂　清光緒五年（1879）重修本　二十册

14744-14751　S2.751 3764
[咸豐] 興化縣志十卷　（清）梁園棣修　清咸豐二年（1852）尊經閣重修本　八册

14785-14808　S2.751 3794
[光緒] 通州直隸州志十八卷　（清）梁悦馨等修　清光緒三十一年（1905）鉛印本　二十四册

13762　S2.751 4015
[光緒] 咸豐初朝邑縣志三卷　（清）李元春纂　清光緒七年（1881）同義文會刻本　一册

12806-12810　S2.751 4210
[光緒] 渾源州志十卷　（清）姚承唐纂　清光緒十年（1881）續修本　五册

12552-12564　S2.751 4230
[光緒] 平湖縣志二十五卷　（清）彭潤章等修　清光緒十二年（1886）刻本　十三册

16508-16511　S2.751 4302
[雍正] 太原縣志十六卷　（清）龔新　（清）沈繼賢修　清雍正九年（1731）重修本　四册

12792-12801　S2.751 4400
[光緒] 太平縣志十四卷　（清）婁道楠等修　（清）朱光綬等纂　清光緒八年（1882）重修本　十册

14695-14706　S2.751 4430
[光緒] 通州志十二卷　（清）王維珍等纂　清光緒五年（1879）刻本　十二册

12855-12859　S2.751 4442
[乾隆] 恒山志四卷　（清）桂敬順纂　清乾隆二十八年（1763）重修本　五册

15580-15625　S2.751 4460-1
[光緒] 武進陽湖合志三十六卷　（清）黄冕等纂　**志餘十二卷團練記實二卷**　（清）李兆洛等纂　清光緒十二年（1886）活字印本　四十六册

15757-15764　S2.751 4477

［道光］滎縣志十五卷　（清）趙熙等纂　清光緒刻本　八冊

16211-16216　S2.751 4488

［光緒］宜興荊谿新志十二卷　（清）莫敏等修　清光緒八年（1882）刻本　六冊

10957-10965　S2.751 4492

蜀中名勝記三十卷　（明）曹學佺纂　清刻本　九冊

12860-12865　S2.751 4636

［光緒］渾源州續志十卷　（清）賀恩纂　清光緒七年（1881）續修本　六冊

12729-12732　S2.751 4712

［光緒］絳縣志二十一卷　（清）胡延纂　清光緒重修本　四冊

16171-16180　S2.751 4731（苏）

［光緒］泰興縣志二十六卷圖一卷志餘一卷　（清）楊激雲等修　（清）顧曾烜等纂　清光緒十二年（1886）刻本　十冊

16500-16505　S2.751 4765-1

［道光］太原縣志十八卷　（清）楊國泰纂　清道光五年（1825）重修本　六冊

16506-16507　S2.751 4765-2

［光緒］續太原縣志二卷　（清）薛菊村纂　清光緒八年（1882）續修本　二冊

16197-16204　S2.751 4773

［嘉慶］宜興縣舊志十二卷　（清）阮升基等修　清嘉慶二年（1797）刻本　八冊　缺二冊（二、七）

16033-52　S2.751 5033

［光緒］無錫金匱縣志四十卷　（清）秦湘業等纂　清光緒七年（1881）刻本　二十冊

35675-35684　S2.751 5088

［光緒］蘭谿縣志八卷　（清）秦簧修　清光緒十三年（1887）重修本　十冊

15685　S2.751 6010

黔書二卷　（清）田雯纂　清康熙二十九年（1690）刻本　一冊

16207-16210　S2.751 6020

［嘉慶］續纂宜荊縣志十卷　（清）吳德旋修　清嘉慶二年（1797）刻本　三冊

12721-12722　S2.751 6023

［光緒］榆次縣續志四卷　（清）吴師祈等纂　清光緒十一年（1885）書院續修本　二冊

15072-15077　S2.751 6055

深州風土記二十二卷　（清）吴摯甫纂　清光緒二十六年（1900）文瑞書院刻本　六冊

15201-15206　S2.751 6055（冀）

深州風土記二十二卷　（清）吴摯甫纂　清光緒二十六年（1900）文瑞書院刻本　六冊

14683-14688　S2.751 6071

［淳熙］新安志十卷　（宋）羅願纂　清康熙四十七年（1708）據宋淳熙二年（1175）刻本刻印　六冊

16115-16146　S2.751 6093

［光緒］丹徒縣志六十卷　（清）呂耀門等纂　清光緒五年（1879）重修本　三十二冊

12733　S2.751 7334

［宣統］文水縣鄉土志八卷　（清）咸連增整理　清宣統元年（1909）刻本　一冊

16555-16568　S2.751 7434

［咸豐］簡州志十四卷續志二卷學田章程一卷學田圖式一卷　（清）陳治安等纂　清咸豐三年（1853）重修光緒二十三年（1897）續刻本　四冊

13818-13835　S2.751 7434

［光緒］諸暨縣志六十卷　（清）陳聲纂　清光緒三十四年（1908）東川省屬新修本　十八冊

16103-16114　S2.751 7441

［光緒］青浦縣志三十二卷　（清）陳其元等修　清光緒五年（1879）尊經閣刻本　十二冊

15279-15288　S2.751 7444

［光緒］湘潭縣志十二卷　（清）陳嘉榆等修　（清）王闓運等纂　清光緒十五年（1889）刻本　十冊

16530-16539　S2.751 7464

［光緒］祁縣志十六卷　（清）陳時纂　清光緒八年（1882）續修本　十冊

12645-12648　S2.751 7480-1

嚴州途經三卷　（宋）陳公亮修　**景定嚴州續志十卷**　（宋）鄭瑤等纂　清光緒二十二年（1896）漸西村舍刻本　四冊

15752-15756　S2.751 7714

［光緒］富順縣志五卷　（清）段玉裁纂　清光緒八年（1882）釜江書社刻本　五冊

16097-16102　S2.751 7762-1

［光緒］周莊鎮志六卷　（清）陶煦纂　清光緒八年（1882）元和陶氏儀一堂刻本　六冊

12831-12838　S2.751 7772

［咸豐］汾陽縣志十四卷　（清）周貽繯　曾文錦纂　清咸豐元年（1851）重修本　八冊

13848-13863　S2.751 7790

［光緒］餘姚縣志二十八卷　（清）周炳麟纂　清光緒二十五年（1899）重修本　十六冊

16489-16494　S2.751 8001

［光緒］代州志十二卷　（清）俞廉三纂　清光緒八年（1882）刻本　六冊

12713-12720　S2.751 8048

［同治］榆次縣志十六卷　（清）俞世銓　（清）陶良駿纂　清同治二年（1863）鳳鳴書院重修本　八冊

12776-12783　S2.751 8064

［光緒］平遙縣志十二卷　（清）曾國荃等修　（清）林拱樞等纂　清光緒八年（1882）續修本　八冊

16351-16356　S2.751 8722

［光緒］定襄縣補志十三卷　（清）鄭繼修纂　清光緒六年（1880）梅月新刊本　八冊

14903-14952　S2.751 4749

［嘉慶］四川通志二百二十六卷　（清）楊芳燦　（清）常明修　清嘉慶二十年（1815）刻本　五十冊

15528-15535　S2.752 0011

［光緒］東林書院志二十二卷　（清）高廷珍等輯　清光緒十年（1884）刻本　八冊

16496-16499　S2.752 4073

陽曲文清地糧圖冊不分卷　（清）李用清編　清光緒十八年（1892）刻本　四冊

15275-15278　S2.752 4441

湘軍志十六卷　（清）王闓運撰　清光緒十二年（1886）成都墨香書屋刻本　四冊

16750-16769　S2.7532 1731

水經注四十卷　（北魏）酈道元撰　清光緒二十三年（1897）新化三味書室刻本　二十冊

19777　S2.754 4441

塞外見聞錄不分卷　（清）佚名撰　清抄本　一冊

20026-20029　S2.754 1719

涑水記聞十六卷　（宋）司馬光撰　清光緒九年（1883）解梁書院刻本　四冊

19613　S2.754 4472

滇軺紀程不分卷　（清）林則徐撰　清光緒三年（1877）宣南寓齋刻本　一冊

15657-15672　S2.755 2631-1

海國圖志一百卷續集二十五卷　（清）魏源撰　清光緒二十一年（1895）上海書局石印本　十六冊

15804-15809　S2.755 2828

瀛環志略十卷　（清）徐繼畬撰　清道光三十年（1850）刻本　六冊

15502-15503　S2.755 3414

新編東亞三國地志二卷　（日本）武雄撰　日本明治三十三年（1900）東京合資會社普及舍刻本　二冊

15626-15635　S2.755 4433

日本國志四十卷　（清）黄遵憲編　清光緒十六年（1890）刻本　十冊

19254-19259　S2.755 4435

出使英法義比四國日記六卷　（清）薛福成纂　清光緒二十年（1894）校經堂校刻本　六冊

15504-15511　S2.756 3704

皇朝藩部要略十八卷表三卷　（清）祁韻士撰　清道光二十六年（1846）筠淥山房刻本　八冊

19793-19794　S2.756 4444

南海百詠續編不分卷　（清）樊封撰　清道光二十九年（1849）刻本　二冊

09381-09382　S2.80 1269

東巡金石錄八卷　（清）崔應階輯　清刻本　二冊

19551-19554　S2.80 2832

隨軒金石文字不分卷　（清）徐渭仁輯　清道光二十一年（1841）刻本　四冊

07574-07589　S2.80 4740

金石全例十卷　（清）朱記榮校輯　清光緒十八年（1892）吳縣朱氏槐廬刻本　十六冊

09203-09208　S2.80 6010

兩罍軒彝圖釋十二卷　（清）吳雲撰　清同治十二年（1873）刻本　六冊

09176-09178　S2.80 7427

求古精舍金石圖四卷　（清）陳經輯　清嘉慶二十三年（1818）烏程陳氏說劍樓刻本　三冊

10966-10967　S2.800 4423

古墨齋金石跋六卷　（清）趙紹祖輯　清刻本　二冊

10917-10918　S2.800 1000

金石萃編補略二卷　（清）王言撰　清光緒八年（1822）刻本　二冊

20197　S2.800 1031

山右金石錄序不分卷　（清）夏寶晉纂　清光緒八年（1882）歸安石氏校訂本　一冊

17022-17025　S2.800 1041

金石三例（金石例十卷墓銘舉例四卷金石要例一卷）　（清）王芑孫撰　清光緒四年（1878）讀有用書刻本　四冊

07302-07303　S2.800 1962

京畿金石考二卷　（清）孫星衍編　清光緒十二年（1886）吳縣朱氏行素草堂刻本　二冊

10896　S2.800 2231

中州金石記五卷　（清）畢沅撰　清刻本　一冊

16999-17002　S2.800 2231

關中金石記八卷附記一卷　（清）畢沅輯　清光緒三十四年（1908）渭南嚴氏刻本　四冊

17013-17020　S2.800 2741

藝風堂金石文字目十八卷　繆荃孫輯　清光緒三十二年（1906）刻本　八冊

10920 S2.800 3708

退庵題跋二卷 （清）梁章鉅撰 清福州梁氏校刻本 一冊

17026-17027 S2.800 6042

九鐘精舍金石跋尾甲編不分卷 （清）吳士鑒學 清宣統二年（1910）刻本 二冊

09179-09186 S2.801 0200

陶齋吉金錄八卷 （清）端方撰 清光緒三十四年（1908）上海有正書局石印本 八冊

16847-16848 S2.802 0234

漢石例六卷 （清）劉寶楠錄 清道光十九年（1839）刻本 二冊

16862-16865 S2.802 1014

唐石經校文十卷 （清）嚴可均纂 清嘉慶九年（1804）刻本 四冊

20113 S2.802 1043

關中漢唐存碑跋一卷 （清）王志沂編 清道光七年（1827）刻本 一冊

10900 S2.802 1246

石鼓文釋存一卷附補注一卷 （清）張燕昌述 清光緒二十八年（1902）劉世衍刻本 一冊

10913-10916 S2.802 1751

漢碑錄文四卷連筠叢書 （清）馬邦玉輯 清道光六年（1826）靈石楊氏刻本 四冊

16832-16835 S2.802 1962

寰宇訪碑錄十二卷 （清）孫星衍 （清）邢澍撰 清光緒九年（1883）江蘇書局刻本 四冊

16946-16947 S2.802 2138

思古齋雙鉤漢碑篆額三卷 （清）何澂輯 清光緒九年（1883）刻本 三冊 存二卷（一、三）

16900 S2.802 2510

漢碑徵經一卷 （清）朱百度撰 清光緒十五年（1889）廣雅書局刻本 一冊

07081-07084 S2.802 4022

石鼓文定本不分卷 （清）沈梧撰 清光緒十六年（1890）古華山館校本 四冊

16838-16842　S2.802 4081

漢碑引經考六卷附引緯考一卷　（清）皮錫瑞撰　清光緒三十年（1904）刻本　五冊

05285-05308　S2.802 4173

山右石刻叢編四十卷　（清）胡聘之撰　清光緒二十七年（1901）刻本　二十四冊

10919　S2.802 4428

歷代石經略二卷　（清）貴馥撰　清光緒九年（1883）刻本　一冊

35473-35475　S2.802 4726

金薤琳琅二十卷附補遺一卷　（明）都穆撰　清光緒中崇川葛氏學古齋刻學古齋金石叢書本　三冊

20253　S2.802 6080

漢魏六朝志墓金石例三卷唐人志墓例一卷附論一卷　（清）吳鎬撰　清光緒十年（1884）知不足齋刻本　一冊

16816-16819　S2.802 6469

語石十卷　葉昌熾撰　清宣統元年（1909）刻本　四冊

16901　S2.802 7191

石經考不分卷　（清）顧炎武輯　清刻本　一冊

20254-20255　S2.804 4377

古泉叢話三卷　（清）戴熙撰　清同治十一年（1872）滂喜齋刻本　二冊

16869　S2.804 3438

泉志十五卷　（宋）洪遵撰　清同治十三年（1874）刻本　一冊

16870　S2.804 4087

續泉說一卷續叢稿一卷　（清）李竹朋撰　清同治十三年（1874）刻本　一冊

16810-16814　S2.902 4426

竹崦盦金石目錄五卷　（清）趙魏集　清宣統元年（1909）刻本　五冊

20909-20944　Z3.00 1013

子書二十三種　（清）浙江書局輯　清光緒二十三年（1897）文瑞樓據華亭張氏本校印本　三十六冊

06467-06576　Z3.00 2205：1

子書百家一百種　（清）崇文書局輯　清光緒元年（1875）湖北崇文書局刻本　一百十冊

06361-06466　Z3.00 2205：2

子書百家一百種　（清）崇文書局輯　清光緒元年（1875）湖北崇文書局刻本　一百十冊

06937-07046　Z3.00 2205：3

子書百家一百種　（清）崇文書局輯　清光緒元年（1875）湖北崇文書局刻本　一百十冊

05375-05457　Z3.00 3235

二十二子　（清）浙江書局輯　清光緒浙江書局刻本　八十三冊

07558-07563　Z3.05 1023

荀子集解二十卷考證一卷　（戰國）荀況撰　王先謙集解　清光緒十七年（1891）思賢講舍刻本　六冊

09120　Z3.05 1050

孔子家語注釋十卷首一卷附圖　（三國魏）王肅注　明末毛氏汲古閣刻本　四冊

07537-07541　Z3.05 4130

鹽鐵論十卷附考證　（漢）桓寬撰　（清）張敦仁撰　清嘉慶十二年（1807）陽城張氏刻本　五冊

19444-19455　Z3.05 4421-2

國朝理學備考不分卷　（清）范彪西彙編　清道光五年（1825）五經堂刻本　十二冊

20305　Z3.05 4438

明夷待訪錄不分卷　（清）黃宗羲撰　清光緒三十二年（1906）河東中學堂刻本　一冊

07544-07551　Z3.05 4713

繹志十九卷劄記一卷　（明）胡承諾撰　清光緒十七年（1891）三餘草堂刻湖北叢書本　八冊

09533-09540　Z3.05 4713

繹志十九卷　（明）胡承諾撰　清同治十一年（1872）浙江書局刻本　八冊

20173-20178　Z3.15 3844

洗冤錄詳義首一卷摭遺二卷補一卷　（清）許槤撰　清光緒三年（1877）湖北藩

署刻本　六冊

09231-09246　Z3.20 4741：1

讀史兵略四十六卷　（清）胡林翼纂　清咸豐十一年（1861）武昌節署刻本　十六冊

08830-08837　Z3.403 1063

格物測算八卷　（清）丁韙良撰　清光緒九年（1883）鉛印本　八冊

09396-09405　Z3.45 1712

隸篇十五卷續十五卷再續十五卷　（清）翟雲升撰　清道光十七年至十九年（1837-1839）刻本　十冊

16820-16831　Z3.452 7131

篆學瑣撰三十種四十卷　（清）顧湘翠撰　清道光二十年（1840）海虞顧氏刻本　十二冊

19478-19479　Z3.501 7461

敬吾心室彝器款識不分卷　（清）陳昆玉編　清道光二十一年（1841）刻本　二冊

09728-09748　Z3.501 0022

西清續鑑甲編二十卷　（清）王傑等編　清宣統三年（1911）上海涵芬樓影印本　二十一冊

20120-20121　Z3.501 1962

歷代鐘鼎彝器款識二十卷　（宋）薛尚功輯　清嘉慶十二年（1807）刻本　四冊　缺二冊（一、二）

16942-16945　Z3.501 1962

歷代鐘鼎彝器款識法帖二十卷　（宋）薛尚功輯　清嘉慶二年（1797）刻本　四冊

16948-16950　Z3.501 2534

積古齋鐘鼎款識稿本四卷附一卷　（清）朱之榛編　清光緒十六年（1890）刻本　三冊

09664　Z3.501 3731

欽定西清古鑑四十卷附錢錄十六卷　（清）梁詩正纂　清光緒十四年（1888）上海鴻文書局石印本　二十四冊

16911-16914　Z3.501 3792

吉金所見錄十六卷　（清）初尚齡輯　清道光七年（1827）渭園刻本　四冊

16984-16987　Z3.501 4090

吉金志存四卷　（清）李光庭輯　清咸豐九年（1859）刻本　四冊

16988-16991　Z3.501 7110

積古齋鐘鼎彝器款識十卷　（清）阮元編錄　清嘉慶九年（1804）刻本　四冊

09541-09546　Z3.601 0243

淮南子二十一卷　（漢）劉安撰　（漢）高誘注　清光緒二十三年（1897）新華三味書局刻本　六冊

20318-20321　Z3.601 0032

淮南鴻烈解二十一卷　（漢）高誘撰　清光緒元年（1875）湖北崇文書局刻本　四冊

07523-07536　Z3.601 3431

容齋隨筆十六卷續筆十六卷三筆十六卷四筆十六卷五筆十卷　（宋）洪适撰　明崇禎三年（1630）馬元調刻本　十四冊

20030　Z3.601 4230

西溪叢語二卷　（宋）姚寬輯　（明）毛晉訂　汲古閣刻本　一冊

07243-07250　Z3.601 4473

庸庵筆記三種　（清）薛福成等撰　清光緒二十七年（1901）掃葉山房石印本　八冊

18887-18902　Z3.601 7191：1

日知錄集釋三十二卷　（清）顧炎武撰　（清）黃汝成集釋　清同治十一年（1872）湖北崇文書局刻本　十六冊

10842-10861　Z3.602 1081

讀書雜誌八十二卷餘編二卷　（清）王念孫撰　清道光十二年（1832）寶華堂刻本　二十冊

16670-16671　Z3.602 4471

易台考略二卷　（清）黃履平編纂　清乾隆三十四年（1769）寫本　二冊

19566-19569　Z3.602 7772-1

集古錄跋尾十卷目五卷　（宋）歐陽修撰　清光緒十三年（1887）行素草堂校刻本　四冊

09140-09141　Z3.604 2841

歷代帝王法帖釋文十卷　（清）徐超弼釋　清嘉慶十七年（1812）榆蔭堂刻本

二冊

19964-19965　Z3.605 3308

歸田瑣記八卷　（清）梁章鉅撰　清道光二十五年（1845）北東園刻本　二冊

09420-09439　Z3.801 3077

大方廣佛華嚴經八十卷　（唐）釋實叉難陀譯　清刻本　二十冊

20330-20331　Z3.801 6041

大佛頂首楞嚴經十卷　（清）吳芝瑛寫　清宣統元年（1909）文寶書局石印本　二冊

16915-16922　Z3.802 2792

道原精萃不分卷　（清）倪懷綸輯　清光緒十三年（1887）刻本　八冊

05801-05848　Z3.90 1244

淵鑑類函四百五十卷目錄四卷　（清）張英等纂　清光緒十三年（1887）上海同文書局石印本　四十八冊

20338-20342　Z3.90 2342

四書人物類典串珠音註四十卷　（清）臧志仁輯　清嘉慶十一年（1806）武林三餘堂刻本　五冊　缺二十六卷（二至五、十四至二十、二十六至四十）

16959-16983　Z3.90 2628

群書治要五十卷　（唐）魏徵等撰　日本天明七年（1787）刻本　二十五冊

22021-22028　Z3.90 7441：2

古今圖書集成一萬卷總目四十卷考證二十四卷　（清）陳夢雷原編　（清）蔣廷錫等重編　清光緒十年（1884）上海圖書集成書局鉛字本　八冊

09600-09607　Z3.90 7441：2

欽定古今圖書集成總目三十二卷　（清）蔣廷錫等編　清光緒十年（1884）上海圖書集成書局鉛印本　八冊

20945-20950　Z3.902 1033

雷刻四種　（清）雷浚撰　清光緒八年（1882）刻本　六冊

19718-19739　Ji4.001 0244

歷朝詩約選九十二卷　（清）劉大櫆纂　清光緒二十三年（1897）刻本　二十二冊

05458-05557　Ji4.001 1014

全上古三代秦漢三國六朝文十五集七百四十六卷　（清）嚴可均輯　清光緒二十年（1894）黃岡王氏廣州刻本　一百冊

20332-20337　Ji4.001 4420

昭明文選集成六十卷　（南朝梁）蕭統輯　（清）方廷珪評注　清乾隆三十二年（1767）古榕方氏倣范軒刻本　六冊　缺二卷（一、四十三）

19544-19547　Ji4.002 0700

唐文粹補遺二十六卷　（清）郭麐輯　清光緒十一年（1885）江蘇書局刻本　四冊

20354-20369　Ji4.002 1044

唐人五十家小集　（唐）王勃等撰　清光緒二十一年（1895）靈鶼閣影印本　十六冊

20346-20353　Ji4.002 1044

中興將帥別傳三十卷續編六卷　（清）朱孔彰撰　清光緒三十二年（1906）江寧刻本　八冊

10312-10341　Ji4.002 4443

皇朝經世文續編一百二十卷新增時事四十卷陽物策論八卷　（清）葛士輯　清光緒二十五年（1899）掃葉山房重校本　三十冊

10288-10311　Ji4.002 4622

皇朝經世文編（正編）一百二十卷　（清）賀長齡輯　清光緒二十二年（1896）掃葉山房重校本　二十四冊

19587-19606　Ji4.002 4763

御選唐宋文醇五十八卷　（清）楊昌濬編　清光緒三年（1877）浙江書局刻本　二十冊

09383-09386　Ji4.201 3440

諸葛武侯集四卷　（三國蜀）諸葛亮撰　清同治七年（1868）楚醴景萊書室校刻本　四冊

03808-03809　Ji4.202 0147

顏魯公文集十五卷　（唐）顏真卿撰　明木活字刻本　四冊

20189-20194　Ji4.202 1044

唐王子安集注二十卷　（唐）王勃撰　（清）蔣清翊注　清光緒九年（1883）吳縣蔣氏雙唐碑館刻本　六冊

03758-03761　Ji4.202 1242

唐丞相曲江張先生文集二十卷　（唐）張九齡撰　明嘉靖十五年（1536）刻本　四冊　三圖

19456-19459　Ji4.202 4027
李文公集十八卷補遺一卷　（唐）李翺撰　清光緒元年（1875）刻本　四册

09022-09033　Ji4.202 4453
杜詩注釋二十四卷　（唐）杜甫撰　（清）許寶善輯　清光緒三年（1877）吳縣朱氏刻本　十二册

05131-05140　Ji4.202 4731
柳文惠公全集四十三卷别集二卷外集二卷附録一卷　（唐）柳宗元撰　（唐）劉禹錫編　清同治七年（1868）永州本祠刻本　十册

03770-03771　Ji4.202 6022
純陽呂真人文集八卷　（唐）呂岩撰　明初刻本　二册　三圖

09326-09329　Ji4.203 4443
東坡樂府二卷稼軒句十二卷　（宋）蘇軾　（宋）辛棄疾撰　清光緒九年（1883）雙峰書屋刻本　四册

03697-03710　Ji4.203 1243
南軒先生文集四十四卷　（宋）張栻撰　明弘治刻本　十四册

03415-03430　Ji4.203 1719：1
司馬太師温國文正公傳家集八十卷　（宋）司馬光撰　明成化刻本　十六册

18123-18162　Ji4.203 2540
朱子集一百四卷　（宋）朱熹撰　清咸豐十年（1860）紫霞洲祠堂刻本　十册

07384-07403　Ji4.203 4280
唐文粹一百卷補遺二十六卷　（宋）姚鉉編　（清）郭麐補編　清光緒十八年（1892）杭州許氏榆園刻本　二十册

09199-09200　Ji4.203 4433
林和靖先生詩集四卷　（宋）林逋撰　清光緒二十一年（1895）婺源俞氏清蔭堂刻本　二册

05237-05284　Ji4.203 4443
東坡集四十卷後集二十卷奏議十五卷外制集三卷内制集十卷樂語一卷應詔集十卷續集十二卷校記二卷　（宋）蘇軾撰　清宣統元年（1909）端方寶華盦刻本　四十八册

03762-03769　Ji4.203 4443
蘇長公密語（東坡密語）十六卷　（宋）蘇軾撰　（明）吳京纂輯　明朱墨二色

套印本　八册　三圖

07323-07332　Ji4.205 4727

郝文忠公陵川文三十九卷年譜一卷附録一卷　（元）郝經撰　清嘉慶三年（1798）刻本　十册

20288-20303　Ji4.206 1271

張文忠公全集四十八卷　（明）張居正撰　清光緒二十七年（1901）紅藤碧樹山館刻本　十六册

17003-17012　Ji4.206 2211

熊襄愍公集十卷　（明）熊廷弼撰　清同治三年（1864）刻本　十册

03961-03970　Ji4.206 2749

震川先生全集三十卷　（明）歸有光撰　清康熙十四年（1675）刻本　十册

19373-19382　Ji4.206 4543

韓苑洛全集二十二卷　（明）韓苑洛撰　清道光八年（1828）同里謝氏刻本　十册

20168-20171　Ji4.206 4724

楊忠愍公全集四卷　（明）楊繼盛撰　（清）張鈺輯　清光緒十九年（1893）味菜廬刻本　四册

09209-09220　Ji4.207 0322

霜紅龕集四十卷附録三卷年譜一卷　（清）傅山撰　（清）丁寶銓編　清宣統三年（1911）山陽丁氏刻本　十二册

18247-18273　Ji4.207 1019-1

湯子遺書十卷　（清）王廷燦輯　清同治九年（1870）刻本　二十七册

20284-20287　Ji4.207 1092

菜根軒詩鈔十四卷續集一卷　（清）王省山撰　清咸豐四年（1854）吳門刻本　四册

19366-19369　Ji4.207 2007

洓水毛盥三撰　（清）毛應觀撰　清道光十四年（1834）刻本　四册

10938-10945　Ji4.207 2124

東洲草堂詩鈔三十卷　（清）何紹基撰　清同治六年（1867）長沙刻本　八册

09392-09395　Ji4.207 2132

雙藤書屋詩集十二卷　（清）何道生撰　清道光元年（1821）雕藻齋刻本　四册

20012-20021　Ji4.207 2322：2

霜紅龕全集四十卷　（清）傅山撰　（清）劉飛補輯　清宣統二年（1910）平遙王氏輯刻本　十冊

19816　Ji4.207 2582

桂之華軒詩草　（清）朱銘盤撰　清光緒二年（1876）鈔本　一冊

19814　Ji4.207 2582

桂之華軒詩草　（清）朱銘盤撰　清光緒二年（1876）鈔本　一冊

16992-16994　Ji4.207 2631

古微堂外集七卷　（清）魏源撰　清光緒四年（1878）淮南書局刻本　四冊

18220-18227　Ji4.207 3734

䪺䟃亭集三十二卷　（清）祁寯藻撰　清咸豐六年（1856）刻本　八冊

20256-20275　Ji4.207 4327

西堂全集六十一卷　（清）尤侗撰　清順治十二年（1655）兩儀堂刻本　二十冊

21071-21140　Ji4.207 4424

漁洋卅三種　（清）林佶編　清刻本　七十冊　缺五冊（六、十七至十九、五十二）

19414-19421　Ji4.207 4429-1

容齋文鈔八卷　（清）茹綸常撰　清嘉慶四年（1799）刻本　八冊

18388-18419　Ji4.207 4741

胡文忠公遺集八十六卷　（清）胡林翼撰　清光緒元年（1875）湖北崇文書局刻本　三十二冊

19300-19303　Ji4.207 6074

月齋文集八卷詩集四卷　（清）吳履敬　（清）吳式訓編　清咸豐八年（1858）刻本　四冊

18870-18886　Ji4.207 7110

揅經室集一集十四卷二集八卷三集五卷四集十一卷續集十一卷外集五卷　（清）阮元撰　清道光三年（1823）刻本　十七冊

19797-19798　Ji4.207 7732

慎墨堂詩拾四卷　（清）鄧漢儀撰　清刻本　二冊

19815　Ji4.302 7510

陸仲子遺稿　（清）陸震撰　清宣統元年（1909）鈔本　一冊

10922-10924　Ji4.403
新編韓湘子九度文公道情金本三卷　（清）佚名撰　清刻本　三冊

03880-03881　Ji4.502 4054
新鍥全像海忠介公居官公案　（明）李春芳編　明萬曆精刻本　二冊

04475-04498　Ji4.902 2514：1
說文通訓定聲十八卷檢韻一卷說雅一卷古今韻準一卷行狀一卷　（清）朱駿聲撰　清咸丰元年（1851）臨嘯閣刻本　二十四冊

34783　C5.00 2714
御覽闕史二卷　（唐）高彥休撰　清乾隆、道光間長塘鮑氏刻知不足齋叢書本　一冊

34784　C5.00 2714：1 2
古文孝經孔氏傳一卷　（漢）孔安國撰　清乾隆、道光間長塘鮑氏刻知不足齋叢書本　一冊

34785-34786　C5.00 2714：1 3
寓簡十卷附錄一卷　（宋）沈作喆撰　清乾隆、道光間長塘鮑氏刻知不足齋叢書本　二冊

34787-34788　C5.00 2714：1 4
兩漢刊誤補遺十卷附錄一卷　（宋）吳仁傑撰　清乾隆、道光間長塘鮑氏刻知不足齋叢書本　二冊

34789　C5.00 2714：1 5-6
涉史隨筆一卷　（宋）葛洪撰　**客杭日記一卷**　（元）郭畀撰　清乾隆、道光間長塘鮑氏刻知不足齋叢書本　一冊

34790　C5.00 2714：1 7
韻石齋筆談二卷　（明）姜紹書撰　清乾隆、道光間長塘鮑氏刻知不足齋叢書本　一冊

34853-34855　C5.00 2714：10
蘭亭考十二卷附群公帖跋一卷　（宋）桑世昌撰　清乾隆、道光間長塘鮑氏刻知不足齋叢書本　三冊

34851　C5.00 2714：10
續孟子二卷伸蒙子三卷　（唐）林慎思撰　清乾隆、道光間長塘鮑氏刻知不足齋叢書本　一冊

34852　C5.00 2714：10

麟角集一卷附録一卷　（唐）王棨撰　清乾隆、道光間長塘鮑氏刻知不足齋叢書本　一册

34856　C5.00 2714：10

蘭亭續考二卷　（宋）俞松撰　清乾隆、道光間長塘鮑氏刻知不足齋叢書本　一册

34857　C5.00 2714：10

石刻鋪敘二卷附録一卷　（宋）曾宏父撰　清乾隆、道光間長塘鮑氏刻知不足齋叢書本　一册

34858　C5.00 2714：10

江西詩社宗派圖録一卷　（清）張泰來撰　**萬柳溪邊舊話一卷**　（元）尤玘撰　清乾隆、道光間長塘鮑氏刻知不足齋叢書本　一册

34863　C5.00 2714：11

伯牙琴一卷續補一卷　（宋）鄧牧撰　清乾隆、道光間長塘鮑氏刻知不足齋叢書本　一册

34864-34865　C5.00 2714：11

洞霄詩集十四卷　（元）孟宗寶輯　清乾隆、道光間長塘鮑氏刻知不足齋叢書本　二册

34859　C5.00 2714：11

詩傳注疏三卷　（宋）謝枋得撰　清乾隆、道光間長塘鮑氏刻知不足齋叢書本　一册

34860-34861　C5.00 2714：11

顔氏家訓七卷附考證一卷　（北齊）顔之推撰　清乾隆、道光間長塘鮑氏刻知不足齋叢書本　二册

34862　C5.00 2714：11

江南餘載二卷五國故事二卷　（宋）鄭文寶撰　**故宫遺録一卷**　（明）蕭洵撰　清乾隆、道光間長塘鮑氏刻知不足齋叢書本　一册

34871　C5.00 2714：12

墨史三卷　（元）陸友撰　**書訣一卷**　（清）龔賢撰　**書筌一卷**　（清）笪重光撰　清乾隆、道光間長塘鮑氏刻知不足齋叢書本　一册

34866　C5.00 2714：12

昌武段氏詩義指南一卷　（宋）段昌武撰　清乾隆、道光間長塘鮑氏刻知不足齋

叢書本　一冊

34873　C5.00 2714：12
佐治藥言一卷續一卷　（清）汪輝祖撰　清乾隆、道光間長塘鮑氏刻知不足齋叢書本　一冊

34872　C5.00 2714：12
今水經一卷表一卷　（清）黃宗羲撰　清乾隆、道光間長塘鮑氏刻知不足齋叢書本　一冊

34869　C5.00 2714：12
山居新話一卷　（元）楊瑀撰　清乾隆、道光間長塘鮑氏刻知不足齋叢書本　一冊

34867　C5.00 2714：12
離騷集傳一卷　（宋）錢杲之撰　**江淮異人錄一卷**　（宋）吳淑撰　清乾隆、道光間長塘鮑氏刻知不足齋叢書本　一冊

34870　C5.00 2714：12
鬼董五卷　（宋）沈口撰　清乾隆、道光間長塘鮑氏刻知不足齋叢書本　一冊

34868　C5.00 2714：12
慶元黨禁一卷　（宋）樵川樵叟撰　**酒經三卷**　（宋）朱肱撰　清乾隆、道光間長塘鮑氏刻知不足齋叢書本　一冊

34880　C5.00 2714：13
逍遙集一卷　（宋）潘閬撰　清乾隆、道光間長塘鮑氏刻知不足齋叢書本　一冊

34893-34895　C5.00 2714：13
洞霄圖志六卷　（宋）鄧牧撰　清乾隆、道光間長塘鮑氏刻知不足齋叢書本　三冊

34889-34892　C5.00 2714：13
新唐書糾謬二十卷附錄一卷　（宋）吳縝撰　**修唐書史臣表一卷**　（清）錢大昕撰　清乾隆、道光間長塘鮑氏刻知不足齋叢書本　四冊

34884-34888　C5.00 2714：13
天水冰山錄不分卷附錄一卷　（明）佚名撰　清乾隆、道光間長塘鮑氏刻知不足齋叢書本　五冊

34881　C5.00 2714：13
籟紀一卷　（南朝陳）陳叔齊撰　**潛虛一卷**　（宋）司馬光撰　清乾隆、道光間長塘鮑氏刻知不足齋叢書本　一冊

34896　C5.00 2714：13

聱隅子歔欷瑣微論二卷　（宋）黄晞撰　**世緯二卷附録一卷**　（明）袁袠撰　清乾隆、道光間長塘鮑氏刻知不足齋叢書本　一册

34878-34879　C5.00 2714：13

碧血録二卷　（明）黄煜輯　清乾隆、道光間長塘鮑氏刻知不足齋叢書本　二册

34877　C5.00 2714：13

朝野類要五卷　（宋）趙升撰　清乾隆、道光間長塘鮑氏刻知不足齋叢書本　一册

34875-34876　C5.00 2714：13

翰苑群書二卷　（宋）洪遵輯　清乾隆、道光間長塘鮑氏刻知不足齋叢書本　二册

34874　C5.00 2714：13

相臺書塾刊正九經三傳沿革例一卷　（宋）岳珂撰　**元真子三卷**　（唐）張志和撰　清乾隆、道光間長塘鮑氏刻知不足齋叢書本　一册

34882-34883　C5.00 2714：13

袁氏世範三卷　（宋）袁采撰　清乾隆、道光間長塘鮑氏刻知不足齋叢書本　二册

34901-34904　C5.00 2714：16

武林舊事十卷附録一卷　（宋）泗水潛夫（周密）撰　**錢塘先賢傳贊一卷附録一卷**　（宋）袁韶撰　清乾隆、道光間長塘鮑氏刻知不足齋叢書本　四册

34897　C5.00 2714：16

皇宋書録三卷　（宋）董史撰　清乾隆、道光間長塘鮑氏刻知不足齋叢書本　一册

34898-34900　C5.00 2714：16

宣和奉使高麗圖經四十卷附録一卷　（宋）徐兢撰　清乾隆、道光間長塘鮑氏刻知不足齋叢書本　三册

34905　C5.00 2714：17

五代史纂誤三卷　（宋）吴縝撰　清乾隆、道光間長塘鮑氏刻知不足齋叢書本　一册

34906-34908　C5.00 2714：17

嶺外代答十卷　（宋）周去非撰　**南窗紀談一卷**　（宋）佚名撰　清乾隆、道光間長塘鮑氏刻知不足齋叢書本　三册

34909-34911　C5.00 2714：17

蘇沈內翰良方十卷　（宋）蘇軾　（宋）沈括撰　清乾隆、道光間長塘鮑氏刻知不足齋叢書本　三冊

34912　C5.00 2714：17

浦陽人物記二卷　（明）宋濂撰　清乾隆、道光間長塘鮑氏刻知不足齋叢書本　一冊

34913　C5.00 2714：18

宜州乙酉家乘一卷　（宋）黄庭堅撰　**吳船錄二卷**　（宋）范成大撰　清乾隆、道光間長塘鮑氏刻知不足齋叢書本　一冊

34914-34916　C5.00 2714：18

清波雜志十二卷別志三卷　（宋）周輝撰　清乾隆、道光間長塘鮑氏刻知不足齋叢書本　三冊

34917　C5.00 2714：18

蜀難敘略一卷　（清）沈荀蔚撰　清乾隆、道光間長塘鮑氏刻知不足齋叢書本　一冊

34918-34919　C5.00 2714：18

灊山集三卷補遺一卷附錄一卷　（宋）朱翌撰　**頤菴居士集二卷**　（宋）劉應時撰　清乾隆、道光間長塘鮑氏刻知不足齋叢書本　二冊

34926-34927　C5.00 2714：19

世善堂藏書目錄二卷　（明）陳第撰　清乾隆、道光間長塘鮑氏刻知不足齋叢書本　二冊

34920-34921　C5.00 2714：19

文苑英華辨證十卷　（清）彭叔夏撰　**詩紀匡謬一卷**　（清）馮舒撰　清乾隆、道光間長塘鮑氏刻知不足齋叢書本　二冊

34924　C5.00 2714：19

勿菴歷算書目一卷　（清）梅文鼎撰　清乾隆、道光間長塘鮑氏刻知不足齋叢書本　一冊

34922-34923　C5.00 2714：19

西塘集耆舊續聞十卷　（宋）陳鵠撰　**山房隨筆一卷**　（元）蔣子正撰　清乾隆、道光間長塘鮑氏刻知不足齋叢書本　二冊

34925　C5.00 2714：19

黄山領要錄二卷　（清）汪洪度撰　清乾隆、道光間長塘鮑氏刻知不足齋叢書本

一册

34791　C5.00 2714：2 1

公是先生弟子記一卷　（宋）劉敞撰　**經筵玉音問答一卷**　（宋）胡銓撰　清乾隆、道光間長塘鮑氏刻知不足齋叢書本　一册

34792　C5.00 2714：2 2

鞏溪詩話十卷　（宋）黄徹撰　清乾隆、道光間長塘鮑氏刻知不足齋叢書本　一册

34793-34794　C5.00 2714：2 3

獨醒雜志十卷附錄一卷　（宋）曾敏行撰　清乾隆、道光間長塘鮑氏刻知不足齋叢書本　二册

34795-34796　C5.00 2714：2 4

梁谿漫志十卷附錄一卷　（宋）費袞撰　清乾隆、道光間長塘鮑氏刻知不足齋叢書本　二册

34797　C5.00 2714：2 5

赤雅三卷　（明）鄺露撰　清乾隆、道光間長塘鮑氏刻知不足齋叢書本　一册

34798　C5.00 2714：2 6

諸史疑然一卷榕城詩話三卷　（清）杭世駿撰　清乾隆、道光間長塘鮑氏刻知不足齋叢書本　一册

34928-34931　C5.00 2714：20

測圜海境細草十二卷　（元）李冶撰　清乾隆、道光間長塘鮑氏刻知不足齋叢書本　四册

34935　C5.00 2714：20

山靜居畫論二卷茗香詩論一卷　（清）方薰撰　清乾隆、道光間長塘鮑氏刻知不足齋叢書本　一册

34933-34934　C5.00 2714：20

五代史記纂誤補四卷　（宋）吴蘭庭撰　清乾隆、道光間長塘鮑氏刻知不足齋叢書本　二册

34932　C5.00 2714：20

蘆浦筆記十卷　（宋）劉昌詩撰　清乾隆、道光間長塘鮑氏刻知不足齋叢書本　一册

34937-34938　C5.00 2714：21

益古演段一卷　（元）李冶撰　**弧矢算術細草一卷**　（清）李鋭撰　清乾隆、道

光間長塘鮑氏刻知不足齋叢書本　二冊

34936　C5.00 2714：21

孝經鄭注一卷附補證一卷孝經鄭氏解一卷　（漢）鄭玄撰補證　清乾隆、道光間長塘鮑氏刻知不足齋叢書本　一冊

34940　C5.00 2714：21

丙寅北行日譜一卷　（明）朱祖文撰　清乾隆、道光間長塘鮑氏刻知不足齋叢書本　一冊

34939　C5.00 2714：21

五總志一卷　（宋）吴炯撰　**黄氏日抄古今紀要逸編一卷**　（宋）黄震撰　清乾隆、道光間長塘鮑氏刻知不足齋叢書本　一冊

34942　C5.00 2714：21

三山鄭菊山先生清雋集一卷附錦錢餘笑一卷附錄一卷　（宋）鄭起撰　**所南翁一百二十圖詩集一卷**　（宋）鄭思肖撰　清乾隆、道光間長塘鮑氏刻知不足齋叢書本　一冊

34943　C5.00 2714：21

鄭所南先生文集一卷　（宋）鄭思肖撰　清乾隆、道光間長塘鮑氏刻知不足齋叢書本　一冊

34941　C5.00 2714：21

粤行紀事三卷　（清）瞿昌文撰　**滇黔土司婚禮記一卷**　（清）陳鼎撰　清乾隆、道光間長塘鮑氏刻知不足齋叢書本　一冊

34949　C5.00 2714：22

藏海詩話一卷　（宋）吴可撰　**吴禮部詩話一卷**　（元）吴師道撰　清乾隆、道光間長塘鮑氏刻知不足齋叢書本　一冊

34950-34951　C5.00 2714：22

畫墁集八卷補遺一卷　（宋）張舜民撰　清乾隆、道光間長塘鮑氏刻知不足齋叢書本　二冊

34948　C5.00 2714：22

松窗百説一卷　（宋）李季可撰　**北軒筆記一卷**　（元）陳世隆撰　清乾隆、道光間長塘鮑氏刻知不足齋叢書本　一冊

34944-34945　C5.00 2714：22

重雕足本鑒誡錄十卷　（後蜀）何光遠撰　清乾隆、道光間長塘鮑氏刻知不足齋叢書本　二冊

34946-34947　C5.00 2714：22

侯鯖錄八卷　（宋）趙令畤撰　清乾隆、道光間長塘鮑氏刻知不足齋叢書本　二冊

34956　C5.00 2714：23

北行日錄二卷　（宋）樓鑰撰　**放翁家訓一卷**　（宋）陸游撰　清乾隆、道光間長塘鮑氏刻知不足齋叢書本　一冊

34957　C5.00 2714：23

庶齋老學叢談三卷　（元）盛如梓撰　清乾隆、道光間長塘鮑氏刻知不足齋叢書本　一冊

34953-34954　C5.00 2714：23

澠水燕談錄十卷　（宋）王辟之撰　清乾隆、道光間長塘鮑氏刻知不足齋叢書本　二冊

34952　C5.00 2714：23

讀易別錄三卷　（清）全祖望撰　**古今偽書考一卷**　（清）姚際恒撰　清乾隆、道光間長塘鮑氏刻知不足齋叢書本　一冊

34958　C5.00 2714：23

湛淵遺稿三卷補一卷　（元）白珽撰　**趙待制遺稿一卷**　（元）趙雍撰　**灤京雜詠二卷**　（元）楊允孚撰　清乾隆、道光間長塘鮑氏刻知不足齋叢書本　一冊

34955　C5.00 2714：23

石湖紀行三錄　（宋）范成大撰　清乾隆、道光間長塘鮑氏刻知不足齋叢書本　一冊

34959-34961　C5.00 2714：24

宋遺民錄十五卷　（明）程敏政輯　**天地間集一卷**　（宋）謝翱輯　**宋舊宮人詩詞一卷**　（宋）汪元量輯　清乾隆、道光間長塘鮑氏刻知不足齋叢書本　三冊

34962-34964　C5.00 2714：24

竹譜詳錄七卷　（元）李衎撰　清乾隆、道光間長塘鮑氏刻知不足齋叢書本　三冊

34965　C5.00 2714：24

書學捷要二卷　（清）朱履貞撰　清乾隆、道光間長塘鮑氏刻知不足齋叢書本　一冊

34966-34970　C5.00 2714：25

履齋示兒編二十三卷附校補一卷覆校一卷　（宋）孫奕撰　清乾隆、道光間長塘

鮑氏刻知不足齋叢書本　五冊

34971-34972　C5.00 2714：25

霽山先生集五卷首一卷拾遺一卷　（宋）林景熙撰　清乾隆、道光間長塘鮑氏刻知不足齋叢書本　二冊

34973-34975　C5.00 2714：26

五行大義五卷　（隋）蕭吉撰　**負暄野錄二卷**　（宋）陳櫄撰　清乾隆、道光間長塘鮑氏刻知不足齋叢書本　三冊

34976　C5.00 2714：26

古刻叢鈔一卷　（元）陶宗儀撰　清乾隆、道光間長塘鮑氏刻知不足齋叢書本　一冊

34977-34979　C5.00 2714：26

斜川集六卷附錄二卷訂誤一卷　（宋）蘇過撰　清乾隆、道光間長塘鮑氏刻知不足齋叢書本　三冊

34986　C5.00 2714：27

透簾細草一卷　（□）佚名撰　**續古摘奇演算法一卷**　（宋）楊輝撰　**丁巨演算法一卷**　（元）丁巨撰　清乾隆、道光間長塘鮑氏刻知不足齋叢書本　一冊

34987　C5.00 2714：27

緝古算經細草三卷　（清）張敦仁輯　清乾隆、道光間長塘鮑氏刻知不足齋叢書本　一冊

34983-34984　C5.00 2714：27

曲洧舊聞十卷　（宋）朱弁撰　清乾隆、道光間長塘鮑氏刻知不足齋叢書本　二冊

34980-34982　C5.00 2714：27

道命錄十卷　（宋）李心傳撰　清乾隆、道光間長塘鮑氏刻知不足齋叢書本　三冊

34985　C5.00 2714：27

字通一卷　（宋）李從周撰　清乾隆、道光間長塘鮑氏刻知不足齋叢書本　一冊

34988　C5.00 2714：28

雲林石譜三卷　（宋）杜綰撰　清乾隆、道光間長塘鮑氏刻知不足齋叢書本　一冊

34989-34993　C5.00 2714：28

夢梁錄二十卷　（宋）吳自牧撰　清乾隆、道光間長塘鮑氏刻知不足齋叢書本

五冊

34994-34995　C5.00 2714：28

靜春堂詩集四卷附錄三卷　（元）袁易撰　清乾隆、道光間長塘鮑氏刻知不足齋叢書本　二冊

34996-35003　C5.00 2714：29

梧溪集七卷補遺一卷　（元）王逢撰　**困學齋雜錄一卷**　（元）鮮于樞撰　清乾隆、道光間長塘鮑氏刻知不足齋叢書本　八冊

34799　C5.00 2714：3 1

入蜀記六卷　（宋）陸游撰　清乾隆、道光間長塘鮑氏刻知不足齋叢書本　一冊

34800　C5.00 2714：3 2

猗覺寮雜記二卷　（宋）朱翌撰　清乾隆、道光間長塘鮑氏刻知不足齋叢書本　一冊　缺一卷（下）

34801　C5.00 2714：3 3

歸田詩話三卷　（明）瞿佑撰　清乾隆、道光間長塘鮑氏刻知不足齋叢書本　一冊

34802　C5.00 2714：3 5-6

南濠詩話一卷　（明）都穆撰　**麓堂詩話一卷**　（明）李東陽撰　清乾隆、道光間長塘鮑氏刻知不足齋叢書本　一冊

34803-34804　C5.00 2714：3 7

石墨鐫華八卷　（明）趙崡撰　清乾隆、道光間長塘鮑氏刻知不足齋叢書本　二冊

35004-35005　C5.00 2714：30

克庵先生尊德性齋小集三卷補遺一卷　（宋）程洵撰　清乾隆、道光間長塘鮑氏刻知不足齋叢書本　二冊

35006-35007　C5.00 2714：30

塵史三卷　（宋）王得臣撰　清乾隆、道光間長塘鮑氏刻知不足齋叢書本　二冊

35008-35009　C5.00 2714：30

中吳紀聞六卷　（宋）龔明之撰　清乾隆、道光間長塘鮑氏刻知不足齋叢書本　二冊

35010-35011　C5.00 2714：30

廣釋名二卷　（清）張金吾撰　**餘姚兩孝子萬里尋親記一卷**　（清）翁廣平撰　**畫梅題記一卷**　（清）朱方靄撰　清乾隆、道光間長塘鮑氏刻知不足齋叢書本

二冊

34807　C5.00 2714：4

洛陽縉紳舊聞記五卷　（宋）張齊賢撰　清乾隆、道光間長塘鮑氏刻知不足齋叢書本　一冊

34808-34811　C5.00 2714：4

四朝見聞錄五卷附錄一卷　（宋）葉紹翁撰　清乾隆、道光間長塘鮑氏刻知不足齋叢書本　四冊

34806　C5.00 2714：4

釣磯立談一卷附錄一卷　（宋）史虛白撰　清乾隆、道光間長塘鮑氏刻知不足齋叢書本　一冊

34812　C5.00 2714：4

金石史二卷　（明）郭宗昌撰　**聞者軒帖考一卷**　（清）孫澄澤撰　清乾隆、道光間長塘鮑氏刻知不足齋叢書本　一冊

34805　C5.00 2714：4

孫子算經三卷五曹算經五卷　（唐）李淳風等注　清乾隆、道光間長塘鮑氏刻知不足齋叢書本　一冊

34813　C5.00 2714：5

清虛雜撰三卷補闕一卷　（宋）王鞏撰　清乾隆、道光間長塘鮑氏刻知不足齋叢書本　一冊

34814　C5.00 2714：5

補漢兵志一卷　（宋）錢文子撰　清乾隆、道光間長塘鮑氏刻知不足齋叢書本　一冊

34815　C5.00 2714：5

臨漢隱居詩話一卷　（宋）魏泰撰　**滹南詩話三卷**　（金）王若虛撰　清乾隆、道光間長塘鮑氏刻知不足齋叢書本　一冊

34816-34818　C5.00 2714：5

歸潛志十四卷附錄一卷　（元）劉祁撰　清乾隆、道光間長塘鮑氏刻知不足齋叢書本　三冊

34819　C5.00 2714：5

黃孝子紀程二卷附錄一卷　（清）黃向堅撰　**虎口餘生記一卷**　（明）邊大綬撰　清乾隆、道光間長塘鮑氏刻知不足齋叢書本　一冊

34820　C5.00 2714：5

澹生堂藏書約一卷　（清）曹溶撰　**苦瓜和尚畫語録一卷**　（清）釋道濟撰　清乾隆、道光間長塘鮑氏刻知不足齋叢書本　一册

34821-34822　C5.00 2714：6

玉壺清話十卷　（宋）釋文瑩撰　清乾隆、道光間長塘鮑氏刻知不足齋叢書本　二册

34823-34826　C5.00 2714：6

愧郯録十五卷　（宋）岳珂撰　清乾隆、道光間長塘鮑氏刻知不足齋叢書本　四册

34832　C5.00 2714：7

離騷草木疏四卷　（宋）吴仁傑撰　清乾隆、道光間長塘鮑氏刻知不足齋叢書本　一册

34833-34834　C5.00 2714：7

游宦紀聞十卷　（宋）張世南撰　清乾隆、道光間長塘鮑氏刻知不足齋叢書本　二册

34827-34831　C5.00 2714：7

論語集解義疏十卷　（三國魏）何晏集解　（南朝梁）皇侃義疏　清乾隆、道光間長塘鮑氏刻知不足齋叢書本　五册

34835-34836　C5.00 2714：8

張丘建算經三卷　（□）張丘建撰　**緝古算經一卷**　（唐）王孝通撰　清乾隆、道光間長塘鮑氏刻知不足齋叢書本　二册

34837　C5.00 2714：8

默記一卷　（宋）王銍撰　清乾隆、道光間長塘鮑氏刻知不足齋叢書本　一册

34838-34841　C5.00 2714：8

南湖集十卷附録三卷　（宋）張鎡撰　清乾隆、道光間長塘鮑氏刻知不足齋叢書本　四册

34842　C5.00 2714：8

蘋洲漁笛譜二卷　（宋）周密撰　清乾隆、道光間長塘鮑氏刻知不足齋叢書本　一册

34848　C5.00 2714：9

湛淵静語二卷　（元）白珽撰　清乾隆、道光間長塘鮑氏刻知不足齋叢書本　一册

34849-34850　C5.00 2714：9

責備餘談二卷附録一卷　（明）方鵬撰　清乾隆、道光間長塘鮑氏刻知不足齋叢書本　二册

34843-34844　C5.00 2714：9

金樓子六卷　（南朝梁）蕭繹撰　清乾隆、道光間長塘鮑氏刻知不足齋叢書本　二册

34847　C5.00 2714：9

農書三卷　（宋）陳旉撰　**蠶書一卷**　（宋）秦觀撰　**於潛令樓公進耕織圖詩一卷**　（宋）樓璹撰　**附録一卷**　清乾隆、道光間長塘鮑氏刻知不足齋叢書本　一册

34845-34846　C5.00 2714：9

鐵圍山叢談六卷　（宋）蔡絛撰　清乾隆、道光間長塘鮑氏刻知不足齋叢書本　二册

07404-07427　C5.00 8538

古經解匯函二十三種一百二十六卷附小學匯函十四種　（清）鍾謙鈞輯　清同治十二年（1873）粵東書局刻本　二十四册

35271-35331　C5.00 1123

西學富強叢書　（清）富強齋主人編　清光緒二十三年（1897）寶善齋石印本　六十一册　缺三册（二十一、五十九至六十）

04499-04512　C5.00 1962-12

說文句讀三十卷　（清）王筠撰　清光緒八年（1882）四川尊經書局刻本　十四册

35125　C5.00 2126

鄭志三卷附録一卷　（漢）鄭玄撰　清道光、光緒間南海伍氏刻粵雅堂叢書本　一册

35137　C5.00 2126

中興禦侮録二卷　（宋）佚名撰　**襄陽守城録一卷**　（宋）趙萬年撰　清道光、光緒間南海伍氏刻粵雅堂叢書本　一册

35119-35122　C5.00 2126

十三經音略十三卷附録一卷　（清）周春撰　清道光、光緒間南海伍氏刻粵雅堂叢書本　四册

35134-35136　C5.00 2126

紀元編三卷末一卷　（清）李兆洛撰　清道光、光緒間南海伍氏刻粵雅堂叢書本　三冊

35131-35133　C5.00 2126

歷代帝王年表三卷　（清）齊召南撰　清道光、光緒間南海伍氏刻粵雅堂叢書本　三冊

35130　C5.00 2126

太上感應篇注二卷　（清）惠棟撰　清道光、光緒間南海伍氏刻粵雅堂叢書本　一冊

35128-35129　C5.00 2126

道德真經注四卷　（元）吳澄撰　清道光、光緒間南海伍氏刻粵雅堂叢書本　二冊

35126　C5.00 2126

文館詞林殘四卷　（唐）許敬宗等輯　清道光、光緒間南海伍氏刻粵雅堂叢書本　一冊　存四卷（六百六十二、六百六十四、六百六十八、六百九十五）

35123-35124　C5.00 2126

說文聲系十四卷　（清）姚文田撰　清道光、光緒間南海伍氏刻粵雅堂叢書本　二冊

35138-35139　C5.00 2126

宋季三朝政要五卷　（宋）佚名撰　**附錄一卷**　（宋）陳仲徵撰　**詞源二卷**　（宋）張炎撰　清道光、光緒間南海伍氏刻粵雅堂叢書本　二冊

35127　C5.00 2126

兩京新記殘一卷　（唐）韋述撰　清道光、光緒間南海伍氏刻粵雅堂叢書本　一冊　存一卷（三）

35140　C5.00 2126

精選名儒草堂詩餘三卷　（元）鳳林書院輯　清道光、光緒間南海伍氏刻粵雅堂叢書本　一冊

35141-35148　C5.00 2126

樓山堂集二十七卷　（明）吳應箕撰　清道光、光緒間南海伍氏刻粵雅堂叢書本　八冊

35149-35155　C5.00 2126

朱子［熹］年譜四卷考異四卷　（清）王懋竑撰　清道光、光緒間南海伍氏刻粵

雅堂叢書本　七冊

35156-35157　C5.00 2126

韓柳年譜八卷　（清）馬曰璐輯　清道光、光緒間南海伍氏刻粤雅堂叢書本　二冊

35158　C5.00 2126

疑年錄四卷　（清）錢大昕撰　清道光、光緒間南海伍氏刻粤雅堂叢書本　一冊

35159　C5.00 2126

續疑年錄四卷　（清）吳修撰　清道光、光緒間南海伍氏刻粤雅堂叢書本　一冊

35160　C5.00 2126

米海岳［芾］年譜一卷元遺山先生［好問］年譜三卷附墓圖記略一卷　（清）翁方綱撰　清道光、光緒間南海伍氏刻粤雅堂叢書本　一冊

35161-35165　C5.00 2126

崇文總目五卷補遺一卷附錄一卷　（宋）王堯臣等撰　清道光、光緒間南海伍氏刻粤雅堂叢書本　五冊

35166　C5.00 2126

菉行堂書目六卷　（明）葉盛撰　清道光、光緒間南海伍氏刻粤雅堂叢書本　一冊

35168　C5.00 2126

勝飲編十八卷　（清）郎廷極撰　清道光、光緒間南海伍氏刻粤雅堂叢書本　一冊

35091-35092　C5.00 2126

絳雲樓書目四卷　（清）錢謙益撰　清道光、光緒間南海伍氏刻粤雅堂叢書本　二冊

35169　C5.00 2126

采硫日記三卷　（清）郁永河撰　**嵩洛訪碑日記一卷**　（清）黃易撰　**通志堂經解目錄一卷**　（清）翁方綱撰　清道光、光緒間南海伍氏刻粤雅堂叢書本　一冊

35167　C5.00 2126

菉行堂碑目六卷　（明）葉盛撰　**寒山堂金石林時地考二卷**　（明）趙均撰　清道光、光緒間南海伍氏刻粤雅堂叢書本　一冊

35205-35206　C5.00 2126

顧亭林先生［炎武］年譜四卷附錄一卷　（清）張穆撰　清道光、光緒間南海伍氏刻粤雅堂叢書本　二冊

35063-35065　C5.00 2126
經義攷補十二卷　（清）翁方綱撰　清道光、光緒間南海伍氏刻粤雅堂叢書本　三冊

35066-35067　C5.00 2126
小石帆亭五言詩續鈔八卷首一卷　（清）翁方綱撰　清道光、光緒間南海伍氏刻粤雅堂叢書本　二冊

35068-35069　C5.00 2126
蘇詩補注八卷　（清）翁方綱撰　清道光、光緒間南海伍氏刻粤雅堂叢書本　二冊

35070　C5.00 2126
石洲詩話八卷　（清）翁方綱撰　清道光、光緒間南海伍氏刻粤雅堂叢書本　一冊　缺四卷（一至四）

35071　C5.00 2126
玉山草堂續集六卷　（清）錢林撰　清道光、光緒間南海伍氏刻粤雅堂叢書本　一冊

35072-35074　C5.00 2126
虎鈐經二十卷　（宋）許洞撰　**打馬圖經一卷**　（宋）李清照撰　**敘古千文一卷**　（宋）胡寅撰　清道光、光緒間南海伍氏刻粤雅堂叢書本　三冊

35075-35078　C5.00 2126
草廬經略十二卷　（明）佚名撰　清道光、光緒間南海伍氏刻粤雅堂叢書本　四冊

35079　C5.00 2126
字觸六卷　（清）櫟下老人（周亮工）撰　清道光、光緒間南海伍氏刻粤雅堂叢書本　一冊　缺二卷（一至二）

35080-35083　C5.00 2126
雙溪集十五卷附遺言一卷　（宋）蘇籀撰　清道光、光緒間南海伍氏刻粤雅堂叢書本　四冊

35084　C5.00 2126
瑟譜六卷　（元）熊朋來撰　清道光、光緒間南海伍氏刻粤雅堂叢書本　一冊

35094-35095　C5.00 2126
石柱記箋釋五卷　（清）鄭元慶撰　清道光、光緒間南海伍氏刻粤雅堂叢書本　二冊

35088-35090　C5.00 2126

燕樂考原六卷　（清）淩廷堪撰　清道光、光緒間南海伍氏刻粵雅堂叢書本　三册

35115-35118　C5.00 2126

詩書古訓六卷　（清）阮元撰　清道光、光緒間南海伍氏刻粵雅堂叢書本　四册　缺三卷（一至三）

35093　C5.00 2126

述古堂藏書目四卷宋板書目一卷　（清）錢曾撰　清道光、光緒間南海伍氏刻粵雅堂叢書本　一册

35170　C5.00 2126

蘇米齋蘭亭考八卷　（清）翁方綱撰　清道光、光緒間南海伍氏刻粵雅堂叢書本　一册

35096　C5.00 2126

林屋唱酬録一卷　（清）馬曰琯等輯　清道光、光緒間南海伍氏刻粵雅堂叢書本　一册

35097-35098　C5.00 2126

焦山紀遊集一卷沙河逸老小稿六卷嶰穀詞一卷　（清）馬曰琯等輯　清道光、光緒間南海伍氏刻粵雅堂叢書本　二册

35099-35102　C5.00 2126

南齋集六卷詞二卷　（清）馬曰璐撰　清道光、光緒間南海伍氏刻粵雅堂叢書本　四册

35103-35104　C5.00 2126

九國志十二卷　（宋）路振撰　清道光、光緒間南海伍氏刻粵雅堂叢書本　二册

35105　C5.00 2126

胡子知言六卷疑義一卷附録一卷　（宋）胡宏撰　清道光、光緒間南海伍氏刻粵雅堂叢書本　一册

35106　C5.00 2126

蒿庵閒話二卷　（清）張爾岐撰　清道光、光緒間南海伍氏刻粵雅堂叢書本　一册

35107-35112　C5.00 2126

後漢書補注二十四卷　（清）惠棟撰　清道光、光緒間南海伍氏刻粵雅堂叢書本　六册

35113-35114　C5.00 2126

後漢書補表八卷　（清）錢大昭撰　清道光、光緒間南海伍氏刻粵雅堂叢書本　二册

35085-35087　C5.00 2126

秋笳集八卷附錄一卷　（清）吳兆騫撰　清道光、光緒間南海伍氏刻粵雅堂叢書本　三册

35022　C5.00 2126

揭文安公文粹二卷　（元）揭傒斯撰　清道光、光緒間南海伍氏刻粵雅堂叢書本　一册

35200　C5.00 2126

樂縣考二卷　（清）江藩撰　清道光、光緒間南海伍氏刻粵雅堂叢書本　一册

35046　C5.00 2126

四聲切韻表一卷凡例一卷　（清）江永撰　清道光、光緒間南海伍氏刻粵雅堂叢書本　一册

35044-35045　C5.00 2126

古韻標準四卷詩韻舉例一卷　（清）江永撰　清道光、光緒間南海伍氏刻粵雅堂叢書本　二册

35043　C5.00 2126

四書逸箋六卷　（清）程大中撰　清道光、光緒間南海伍氏刻粵雅堂叢書本　一册

35039-35042　C5.00 2126

易圖明辨十卷　（清）胡渭撰　清道光、光緒間南海伍氏刻粵雅堂叢書本　四册

35032-35038　C5.00 2126

五代詩話十卷　（清）王士正編　清道光、光緒間南海伍氏刻粵雅堂叢書本　七册

35029-35031　C5.00 2126

叔苴子内篇六卷外篇二卷　（明）莊元臣撰　**西洋朝貢典錄三卷**　（明）黄省曾撰　清道光、光緒間南海伍氏刻粵雅堂叢書本　三册

35028　C5.00 2126

唐史論斷三卷　（宋）孫甫撰　清道光、光緒間南海伍氏刻粵雅堂叢書本　一册

35027　C5.00 2126

芻蕘奥論二卷　（宋）張方平撰　清道光、光緒間南海伍氏刻粵雅堂叢書本

一册

35026　C5.00 2126

天香閣隨筆二卷天香閣集一卷　（清）李介撰　清道光、光緒間南海伍氏刻粤雅堂叢書本　一册

35048-35049　C5.00 2126

聲類四卷　（清）錢大昕撰　清道光、光緒間南海伍氏刻粤雅堂叢書本　二册

35023-35024　C5.00 2126

玉笥集十卷　（元）張憲撰　清道光、光緒間南海伍氏刻粤雅堂叢書本　二册

35050　C5.00 2126

宋遼金元四史朔閏考　（清）錢大昕撰　清道光、光緒間南海伍氏刻粤雅堂叢書本　一册

35021　C5.00 2126

河汾諸老詩集八卷　（元）房祺輯　清道光、光緒間南海伍氏刻粤雅堂叢書本　一册

35020　C5.00 2126

月泉吟社一卷　（元）吴渭輯　**谷音二卷**　（元）杜本撰　清道光、光緒間南海伍氏刻粤雅堂叢書本　一册

35019　C5.00 2126

昭忠録一卷　（宋）佚名撰　清道光、光緒間南海伍氏刻粤雅堂叢書本　一册

35018　C5.00 2126

奉天録四卷　（唐）趙元一撰　清道光、光緒間南海伍氏刻粤雅堂叢書本　一册

35017　C5.00 2126

焦氏筆乘六卷續八卷　（明）焦竑撰　清道光、光緒間南海伍氏刻粤雅堂叢書本　一册　缺十一卷（四至六、续八卷）

35016　C5.00 2126

志雅堂雜鈔二卷　（宋）周密撰　清道光、光緒間南海伍氏刻粤雅堂叢書本　一册

35014-35015　C5.00 2126

中吴紀聞六卷　（宋）龔明之撰　清道光、光緒間南海伍氏刻粤雅堂叢書本　二册

35012-35013　C5.00 2126

南部新書十卷　（宋）錢易撰　清道光、光緒間南海伍氏刻粤雅堂叢書本　二册

35012-35225　C5.00 2126
粵雅堂叢書　（清）伍崇曜輯　清道光、光緒間南海伍氏刻本　二百十四册

35062　C5.00 2126
校讐通義三卷　（清）章學誠撰　清道光、光緒間南海伍氏刻粵雅堂叢書本　一册

35025　C5.00 2126
陶庵夢憶八卷　（清）張岱撰　清道光、光緒間南海伍氏刻粵雅堂叢書本　一册　缺三卷（一至三）

35201-35204　C5.00 2126
國朝漢學師承記八卷　（清）江藩撰　清道光、光緒間南海伍氏刻粵雅堂叢書本　四册

35173-35176　C5.00 2126
周官新義十六卷附考工記解二卷　（宋）王安石撰　清道光、光緒間南海伍氏刻粵雅堂叢書本　四册

35177-35180　C5.00 2126
爾雅新義二十卷附敘錄一卷　（宋）陸佃撰　清道光、光緒間南海伍氏刻粵雅堂叢書本　四册

35181-35183　C5.00 2126
孫氏周易集解十卷　（清）孫星衍撰　清道光、光緒間南海伍氏刻粵雅堂叢書本　三册

35184　C5.00 2126
春秋穀梁傳時月日書法釋例四卷　（清）許桂林撰　清道光、光緒間南海伍氏刻粵雅堂叢書本　一册

35185-35186　C5.00 2126
群經音辨七卷　（宋）賈昌朝撰　**相臺書塾刊正九經三傳沿革例**　（宋）岳珂撰　清道光、光緒間南海伍氏刻粵雅堂叢書本　二册

35187　C5.00 2126
九經補韻一卷附錄一卷　（宋）楊伯嵒撰　清道光、光緒間南海伍氏刻粵雅堂叢書本　一册

35188　C5.00 2126
詞林韻釋二卷　（宋）佚名撰　清道光、光緒間南海伍氏刻粵雅堂叢書本　一册

35189-35190　C5.00 2126

漢書地理志稽疑六卷　（清）全祖望撰　清道光、光緒間南海伍氏刻粵雅堂叢書本　二册

35191-39696　C5.00 2126

國策地名考二十卷首一卷　（清）程恩澤撰　清道光、光緒間南海伍氏刻粵雅堂叢書本　六册

35197　C5.00 2126

儀禮石經校勘記四卷　（清）阮元撰　清道光、光緒間南海伍氏刻粵雅堂叢書本　一册

35047　C5.00 2126

緒言三卷　（清）戴震撰　清道光、光緒間南海伍氏刻粵雅堂叢書本　一册

35198-35199　C5.00 2126

隸經文四卷　（清）江藩撰　清道光、光緒間南海伍氏刻粵雅堂叢書本　二册

35171-35172　C5.00 2126

石渠隨筆八戒　（清）阮元撰　清道光、光緒間南海伍氏刻粵雅堂叢書本　二册

35207-35208　C5.00 2126

閻潛邱先生［若璩］年譜四卷　（清）張穆撰　清道光、光緒間南海伍氏刻粵雅堂叢書本　二册

35209　C5.00 2126

秋園雜佩一卷　（清）陳貞慧撰　**倪文正公［元璐］年譜四卷**　（清）倪會鼎撰　清道光、光緒間南海伍氏刻粵雅堂叢書本　一册

35210-35216　C5.00 2126

南雷文定前集十一卷後集四卷三集三卷詩曆四卷世譜一卷附錄一卷　（清）黃宗羲撰　清道光、光緒間南海伍氏刻粵雅堂叢書本　七册

35217-35220　C5.00 2126

程侍郎遺集十卷附錄一卷　（清）程恩澤撰　清道光、光緒間南海伍氏刻粵雅堂叢書本　四册

35221　C5.00 2126

李元賓文集文編三卷外編二卷續編一卷　（唐）李觀撰　清道光、光緒間南海伍氏刻粵雅堂叢書本　一册

35222-35223　C5.00 2126

呂衡州集十卷附考證一卷　（唐）呂温撰　清道光、光緒間南海伍氏刻粵雅堂叢

書本　二冊

35224　C5.00 2126
西昆酬倡集二卷　（宋）楊億撰　清道光、光緒間南海伍氏刻粵雅堂叢書本　一冊

35225　C5.00 2126
揅經室詩錄五卷　（清）阮元撰　清道光、光緒間南海伍氏刻粵雅堂叢書本　一冊

35056-35061　C5.00 2126
文史通義八卷　（清）章學誠撰　清道光、光緒間南海伍氏刻粵雅堂叢書本　六冊

35051-35055　C5.00 2126
國史經籍志五卷附錄一卷　（明）焦竑撰　清道光、光緒間南海伍氏刻粵雅堂叢書本　五冊

35379　C5.00 2706.2
老子道德經二卷　（春秋）李耳撰　清光緒十年（1884）遵義黎氏日本東京使署影印古逸叢書本　一冊

35398-35399　C5.00 2706.2
玉燭寶典十二卷　（隋）杜臺卿撰　清光緒十年（1884）遵義黎氏日本東京使署影印古逸叢書本　二冊　缺一卷（七）

35376-35377　C5.00 2706.2
周易六卷附晦庵先生校正周易系辭精義二卷　（宋）程頤撰　清光緒十年（1884）遵義黎氏日本東京使署影印古逸叢書本　一冊

35415　C5.00 2706.2
天台山記一卷　（唐）徐靈府撰　清光緒十年（1884）遵義黎氏日本東京使署影印古逸叢書本　一冊

35414　C5.00 2706.2
碣石調幽蘭一卷　（南朝陳）丘公明撰　清光緒十年（1884）遵義黎氏日本東京使署影印古逸叢書本　一冊

35409-35413　C5.00 2706.2
杜工部草堂詩箋四十卷外集一卷補遺十卷傳序碑銘一卷目錄二卷年譜二卷詩話二卷　（宋）魯訔輯　清光緒十年（1884）遵義黎氏日本東京使署影印古逸叢書本　五冊

35408　C5.00 2706.2

急就篇一卷　（漢）史遊撰　清光緒十年（1884）遵義黎氏日本東京使署影印古逸叢書本　一冊

35407　C5.00 2706.2

漢書食貨志一卷　（漢）班固撰　清光緒十年（1884）遵義黎氏日本東京使署影印古逸叢書本　一冊　缺一卷（下）

35406　C5.00 2706.2

史略六卷　（宋）高似孫撰　清光緒十年（1884）遵義黎氏日本東京使署影印古逸叢書本　一冊

35405　C5.00 2706.2

日本國見在書目錄一卷　（日本）藤原佐世撰　清光緒十年（1884）遵義黎氏日本東京使署影印古逸叢書本　一冊

35404　C5.00 2706.2

韻鏡一卷　（□）佚名撰　清光緒十年（1884）遵義黎氏日本東京使署影印古逸叢書本一冊

35403　C5.00 2706.2

姓解三卷　（宋）邵思撰　清光緒十年（1884）遵義黎氏日本東京使署影印古逸叢書本　一冊

35371-35416　C5.00 2706.2

古逸叢書　（清）黎庶昌輯　清光緒十年（1884）遵義黎氏日本東京使署影印本　四十九冊　缺三冊（四十四至四十六）

35400-35401　C5.00 2706.2

文館詞林殘十四卷　（唐）許敬宗等輯　清光緒十年（1884）遵義黎氏日本東京使署影印古逸叢書本　二冊　存十四卷（一百五十六至一百五十八、三百四十七、四百五十二至四百五十三、四百五十七、四百五十九、六百六十五至六百六十七、六百七十、六百九十一、六百九十九）

35416　C5.00 2706.2

太平寰宇記殘六卷　（宋）樂史撰　清光緒十年（1884）遵義黎氏日本東京使署影印古逸叢書本　一冊　存六卷（一百十三至一百十八）

35396-35397　C5.00 2706.2

廣韻五卷　（宋）陳彭年等重修　清光緒十年（1884）遵義黎氏日本東京使署影印古逸叢書本　二冊

35394-35395　C5.00 2706.2

廣韻五卷附校劄一卷　（宋）陳彭年等重修校劄　清光緒十年（1884）遵義黎氏日本東京使署影印古逸叢書本　二冊

35392-35393　C5.00 2706.2

玉篇殘四卷又二卷　（南朝梁）顧野王撰　清光緒十年（1884）遵義黎氏日本東京使署影印古逸叢書本　二冊　存六卷（九、十八至十九、二十七，又七、二十二）

35391　C5.00 2706.2

尚書釋音二卷　（唐）陸德明撰　清光緒十年（1884）遵義黎氏日本東京使署影印古逸叢書本　一冊

35389-35390　C5.00 2706.2

楚辭集註八卷辯證二卷後語六卷　（宋）朱熹撰　清光緒十年（1884）遵義黎氏日本東京使署影印古逸叢書本　二冊

35384-35388　C5.00 2706.2

南華真經注疏十卷　（晉）郭象注　清光緒十年（1884）遵義黎氏日本東京使署影印古逸叢書本　五冊

35380-35383　C5.00 2706.2

荀子二十卷　（戰國）荀況撰　清光緒十年（1884）遵義黎氏日本東京使署影印古逸叢書本　四冊

35378　C5.00 2706.2

孝經一卷　（唐）李隆基注　清光緒十年（1884）遵義黎氏日本東京使署影印古逸叢書本　一冊

35372-35373　C5.00 2706.2

春秋穀梁傳十二卷附考異一卷　（晉）范甯集解　清光緒十年（1884）遵義黎氏日本東京使署影印古逸叢書本　二冊

35332　C5.00 2706.2

爾雅三卷　（晉）郭璞注　清光緒十年（1884）遵義黎氏日本東京使署影印古逸叢書本　一冊

35402　C5.00 2706.2

琱玉集殘二卷　（□）佚名撰　清光緒十年（1884）遵義黎氏日本東京使署影印古逸叢書本　一冊　存二卷（十二、十四）

35481-35490　C5.00 2816

懷豳雜俎十二種十七卷　徐乃昌輯　清光緒、宣統間南陵徐氏刻本　十册

20971-20986　C5.00 3143

秘書二十一種　（清）汪士漢校　清刻本　十六册

34748　C5.00 3225

茶董補二卷酒顛補三卷　（明）陳繼儒輯　清道光、咸豐間番禺潘氏刊光緒中補刻海山仙館叢書本　一册

34708　C5.00 3225

雲穀雜記四卷首一卷末一卷　（宋）張淏撰　清道光、咸豐間番禺潘氏刊光緒中補刻海山仙館叢書本　一册

34718　C5.00 3225

揭曼碩詩集三卷　（元）揭傒斯撰　清道光、咸豐間番禺潘氏刊光緒中補刻海山仙館叢書本　一册

34719-34724　C5.00 3225

青藤書屋文集三十卷補遺一卷　（明）徐渭撰　清道光、咸豐間番禺潘氏刊光緒中補刻海山仙館叢書本　六册

34725　C5.00 3225

婦人集一卷附補一卷　（清）陳維崧撰　清道光、咸豐間番禺潘氏刊光緒中補刻海山仙館叢書本　一册

34726-34735　C5.00 3225

漁隱叢話六十卷後集四十卷　（宋）胡仔撰　清道光、咸豐間番禺潘氏刊光緒中補刻海山仙館叢書本　十册

34736　C5.00 3225

四溟詩話四卷　（明）謝榛撰　清道光、咸豐間番禺潘氏刊光緒中補刻海山仙館叢書本　一册

34737-34740　C5.00 3225

宋四六話十二卷　（清）彭元瑞撰　清道光、咸豐間番禺潘氏刊光緒中補刻海山仙館叢書本　四册

34741-34744　C5.00 3225

詞苑叢談十二卷　（清）徐釚撰　清道光、咸豐間番禺潘氏刊光緒中補刻海山仙館叢書本　四册

34747　C5.00 3225

讀書錄四卷　（清）周亮工撰　**續三十五舉一卷**　（清）桂馥撰　清道光、咸豐間番禺潘氏刊光緒中補刻海山仙館叢書本　一冊

34717　C5.00 3225

晁具茨先生詩集十五卷　（宋）晁沖之撰　清道光、咸豐間番禺潘氏刊光緒中補刻海山仙館叢書本　一冊

34749-34752　C5.00 3225

尺牘新鈔十二卷　（清）周亮工輯　清道光、咸豐間番禺潘氏刊光緒中補刻海山仙館叢書本　四冊

34753-34757　C5.00 3225

顔氏家藏尺牘四卷姓氏考一卷　（清）顔光敏輯　清道光、咸豐間番禺潘氏刊光緒中補刻海山仙館叢書本　五冊

34758-34761　C5.00 3225

幾何原本六卷　（意大利）利瑪竇口譯　清道光、咸豐間番禺潘氏刊光緒中補刻海山仙館叢書本　四冊

34762-34766　C5.00 3225

同文算指前編二卷通編八卷　（意大利）利瑪竇授　清道光、咸豐間番禺潘氏刊光緒中補刻海山仙館叢書本　五冊

34767　C5.00 3225

圜容較義一卷測量法義一卷測量異同一卷勾股義一卷　（意大利）利瑪竇授　清道光、咸豐間番禺潘氏刊光緒中補刻海山仙館叢書本　一冊

34768-34770　C5.00 3225

翼梅八卷　（清）江永撰　清道光、咸豐間番禺潘氏刊光緒中補刻海山仙館叢書本　三冊

34771-34773　C5.00 3225

傅青主女科二卷產後編二卷　（清）傅山撰　清道光、咸豐間番禺潘氏刊光緒中補刻海山仙館叢書本　三冊

34774　C5.00 3225

海錄一卷　（清）楊炳南撰　清道光、咸豐間番禺潘氏刊光緒中補刻海山仙館叢書本　一冊

34775-34780　C5.00 3225

新釋地理備考全書十卷　（西洋）瑪吉士撰　清道光、咸豐間番禺潘氏刊光緒中

補刻海山仙館叢書本　六冊

34781-34782　C5.00 3225

全體新論十卷　（英國）合信氏撰　清道光、咸豐間番禺潘氏刊光緒中補刻海山仙館叢書本　二冊

34745-34746　C5.00 3225

竹雲題跋四卷　（清）王澍撰　清道光、咸豐間番禺潘氏刊光緒中補刻海山仙館叢書本　二冊

34687-34690　C5.00 3225

高僧傳十三卷　（南朝梁）釋慧皎撰　清道光、咸豐間番禺潘氏刊光緒中補刻海山仙館叢書本　四冊

34664-34782　C5.00 3225

海山仙館叢書　（清）潘仕成輯　清道光、咸豐間番禺潘氏刊光緒中補刻本　一百十九冊

34715-34716　C5.00 3225

敬齋古今黈八卷　（元）李冶撰　清道光、咸豐間番禺潘氏刊光緒中補刻海山仙館叢書本　二冊

34664　C5.00 3225

遂初堂書目一卷　（清）尤袤撰　清道光、咸豐間番禺潘氏刊光緒中補刻海山仙館叢書本　一冊

34665-34666　C5.00 3225

讀書敏求記四卷　（清）錢曾撰　清道光、咸豐間番禺潘氏刊光緒中補刻海山仙館叢書本　二冊

34667　C5.00 3225

易大義一卷　（清）惠棟撰　**尚書註考一卷**　（明）陳泰交撰　**讀詩拙言一卷**　（明）陳第撰　清道光、咸豐間番禺潘氏刊光緒中補刻海山仙館叢書本　一冊

34668　C5.00 3225

四書逸箋六卷　（清）程大中撰　清道光、咸豐間番禺潘氏刊光緒中補刻海山仙館叢書本　一冊

34669-34674　C5.00 3225

一切經音義二十五卷　（唐）釋玄應撰　清道光、咸豐間番禺潘氏刊光緒中補刻海山仙館叢書本　六冊

34675-34677　C5.00 3225

古史輯要六卷首一卷　（清）佚名撰　清道光、咸豐間番禺潘氏刊光緒中補刻海山仙館叢書本　三冊

34678　C5.00 3225

史記短長說二卷　（明）淩迪知輯　**順宗實錄五卷**　（唐）韓愈撰　清道光、咸豐間番禺潘氏刊光緒中補刻海山仙館叢書本　一冊

34711-34714　C5.00 3225

桂苑筆耕集二十卷　（唐）崔致遠撰　清道光、咸豐間番禺潘氏刊光緒中補刻海山仙館叢書本　四冊

34681-34686　C5.00 3225

洛陽名園記一卷　（宋）李格非撰　**廣名將傳二十卷**　（明）黄道周撰　清道光、咸豐間番禺潘氏刊光緒中補刻海山仙館叢書本　六冊

34691-34694　C5.00 3225

酌中志二十四卷　（明）劉若愚撰　清道光、咸豐間番禺潘氏刊光緒中補刻海山仙館叢書本　四冊

34695　C5.00 3225

火攻挈要三卷圖一卷　（德國）湯若望授　清道光、咸豐間番禺潘氏刊光緒中補刻海山仙館叢書本　一冊

34696-34697　C5.00 3225

慎守要錄九卷　（明）韓霖撰　清道光、咸豐間番禺潘氏刊光緒中補刻海山仙館叢書本　二冊

34698　C5.00 3225

明夷待訪錄一卷　（清）黄宗羲撰　清道光、咸豐間番禺潘氏刊光緒中補刻海山仙館叢書本　一冊

34699　C5.00 3225

考古質疑六卷　（宋）葉大慶撰　清道光、咸豐間番禺潘氏刊光緒中補刻海山仙館叢書本　一冊

34700-34704　C5.00 3225

隱居通議三十一卷　（元）劉壎撰　清道光、咸豐間番禺潘氏刊光緒中補刻海山仙館叢書本　五冊

34705　C5.00 3225

洞天清錄集一卷　（宋）趙希鵠撰　清道光、咸豐間番禺潘氏刊光緒中補刻海山

仙館叢書本　一冊

34706　C5.00 3225

調燮類編四卷　（清）佚名撰　清道光、咸豐間番禺潘氏刊光緒中補刻海山仙館叢書本　一冊

34707　C5.00 3225

菰中隨筆一卷　（清）顧炎武撰　清道光、咸豐間番禺潘氏刊光緒中補刻海山仙館叢書本　一冊

34709-34710　C5.00 3225

龍筋鳳髓判四卷　（唐）張鷟撰　清道光、咸豐間番禺潘氏刊光緒中補刻海山仙館叢書本　二冊

34679-34680　C5.00 3225

九國志十二卷　（宋）路振撰　清道光、咸豐間番禺潘氏刊光緒中補刻海山仙館叢書本　二冊

07516-07522　C5.00 3436

晨風閣叢書二十二種四十七卷　沈宗畸輯　清宣統元年（1909）沈氏校刻本　七冊

21210-21226　C5.00 3848

榆園叢刻　（清）許增輯　清光緒十年（1884）刻本　十七冊

19572-19573　C5.00 3848-3

端谿硯史三卷　（清）吳蘭修編　清道光十四年（1834）許氏刻本　二冊

35469-35470　C5.00 4416

庚子銷夏記八卷　（清）孫承澤撰　**說文凝錦錄一卷**　（清）萬光泰撰　清光緒崇川葛氏學古齋刻學古齋金石叢書本　二冊

35465-35480　C5.00 4416-1

學古齋金石叢書　（清）葛元煦輯　清光緒崇川葛氏學古齋刻本　十六冊

35465-35467　C5.00 4416-1

亭林文集六卷餘集一卷　（清）顧炎武撰　**識小編二卷**　（清）董豐垣撰　清光緒崇川葛氏學古齋刻學古齋金石叢書本　三冊

35468　C5.00 4416-1

金石續錄四卷　（清）劉青藜撰　清光緒崇川葛氏學古齋刻學古齋金石叢書本一冊

35471　C5.00 4416-1

金石略三卷　（宋）鄭樵撰　清光緒崇川葛氏學古齋刻學古齋金石叢書本　一冊

35472　C5.00 4416-1
元豐金石跋尾一卷　（宋）曾鞏撰　**古刻叢鈔一卷**　（元）陶宗儀撰　清光緒崇川葛氏學古齋刻學古齋金石叢書本　一冊

35476-35477　C5.00 4416-1
金石古文十四卷　（明）楊慎撰　清光緒崇川葛氏學古齋刻學古齋金石叢書本　二冊

35478-35479　C5.00 4416-1
石墨鐫華八卷　（明）趙崡撰　清光緒崇川葛氏學古齋刻學古齋金石叢書本　二冊

35480　C5.00 4416-1
金石史二卷　（明）郭昌宗撰　清光緒崇川葛氏學古齋刻學古齋金石叢書本　一冊

07225-07242　C5.10 4048
隨園三十六種　（清）袁枚撰　清光緒十九年（1893）隨園石印本　十八冊

18642-18696　C5.20 1058
項城袁氏家集六十五卷　（清）丁振鐸輯　清宣統三年（1911）清芬閣編刻本五十六冊　缺一冊（五十二）

35451-35614　C5.30 8043：2
春在堂全書　（清）俞樾撰　清光緒三年（1877）刻本　六十四冊

06142-06248　C5.30 1053
船山遺書三百二十二卷　（清）王夫之撰　清同治四年（1865）湘鄉曾氏金陵刻本　一百七冊

06249-06360　C5.30 1053
船山遺書三百二十二卷　（清）王夫之撰　清同治四年（1865）湘鄉曾氏金陵刻本　一百十二冊

20487-21046　C5.30 1081-1（1）
王氏四種（讀書雜誌）　（清）王念孫撰　清刻本　六十冊

07648-07682　C5.30 7574
陸子全書十八種　（清）陸隴其撰　清光緒十六年（1890）刻本　三十五冊

08496-08597　C5.30 8043
春在堂全書三十四種　（清）俞樾撰　清光緒十五年（1889）刻本　一百冊

書名索引

A

B

C

D

E

F

G

H

L

M

N

P

Q

R

S

T

W

X

Y

Z